TOMMY TOALINGLING

MEIN ERSTER
SCHWULTAG

Meine Erfahrungen zu Outing, Identität und Liebe

W0171745

TOMMY TOALINGLING

MEIN ERSTER SCHWULTAG

MEINE ERFAHRUNGEN ZU OUTING, IDENTITÄT UND LIEBE

Für all jene, die lernen wollen, wie man aus den Steinen, die einem in den Weg gelegt werden, Häuser bauen kann.

INHALT

Prolog

Du kennst das: Du wachst morgens auf und bist schwul! So läuft das doch, oder? Man wird heterosexuell geboren und eines Tages kommt in einer x-beliebigen Nacht die Homofee Holdine Horio zu dir nach Hause, bestreut dich mit Glitzer und, zack – von nun an befindest du dich auf der regenbogenfarbenen Seite der Macht. Plötzlich liebst du *Germany's Next Topmodel*, kennst jedes Musical auswendig und möchtest als Friseur mit lackierten Nägeln arbeiten.

Wie, so ist das nicht? War es bei dir etwa anders? Oder bist du vielleicht gar nicht homosexuell? Egal, welche Sexualität du hast, welchen Weg du bislang gegangen bist und welchen du noch gehen wirst, in diesem Buch erzähle ich dir, wie ich gelernt habe, zu mir zu stehen, und wie ich es geschafft habe, große Hürden zu überwinden und daran zu wachsen. Dies ist kein Coaching-Seminar in Buchform, das dich zu einem besseren Menschen machen wird. Es ist auch keine WhatsApp-Gruppe auf Papier, die dir einen Porsche Cayman S oder viel Geld verspricht, keine Sorge. Dies ist meine Geschichte, mit der du mich ein bisschen kennenlernst und an der du vielleicht mit mir zusammen wächst.

Hi, ich bin Tommy. Nach dem Tod meiner Mutter, als ich drei Jahre alt war, zog ich mit meinem Bruder Dennis, meinem Vater und seiner neuen Freundin zusammen in ein Haus in der Nähe von Hannover. Mein Bruder ist nur ein Jahr jünger als ich, aber dennoch habe ich mich lediglich immer dann besonders gut mit ihm verstanden, wenn wir Langeweile hatten und niemand anderes zum Spielen vorbeikam. Lieber mit dem eigenen Bruder spielen als allein war das Motto. Die restliche Zeit haben wir uns geärgert oder gestritten, wobei meistens das eine zum anderen führte.

Die Jahre vergingen wie im Flug und schneller als erwartet steckte ich auch schon mitten in der Pubertät. Die Frau an der Seite meines Vaters hatte ich irgendwann als meine Mama hingenommen, denn an den Tod meiner leiblichen Mutter konnte ich mich nicht erinnern. Je älter ich wurde, desto mehr Fragen stellte ich jedoch. Fragen zu meiner Geburt, zu meinem Geburtsort Hamburg, zu dem Fakt, dass mein Bruder und ich zwar »Papa« sagten, unsere »Mutter« allerdings nur mit dem Vornamen ansprachen, und schließlich auch Fragen zu den immer häufiger vorkommenden Streitgesprächen zwischen meinen Eltern. Mir wurde klar, dass irgendetwas nicht stimmte, dass in meiner Familie etwas anders war als in den Familien meiner Freundinnen und Freunde. Zunächst dachte ich, es liege an mir, weil meine Fragen meist abgewunken oder mit einem »Das erklären wir dir, wenn du alt genug bist« vertagt wurden. Ich zog mich mehr und mehr zurück und flüchtete mich in meine Bücher. Bei den *Drei ???* und *TKKG* habe ich mich immer gut aufgehoben gefühlt, da gab es wenig Streit und stets ein Happy End.

Als ich elf Jahre alt war, trennte sich mein Vater von seiner Freundin und zog mit seiner neuen Freundin zusammen. Da sie gerade mal acht Jahre älter war als ich, war unser Verhältnis ziemlich kompliziert und schwankte zwischen freundschaftlich und kühl. Zu meinem Leidwesen mussten wir aus dem mehretagigen Reihenhaus ausziehen und von nun an in einer kleinen Dreizimmerwohnung hausen. Dies wurde mit einer neuen Stiefmutter und einem jüngeren Bruder zu einer echten Herausforderung, kann ich dir sagen. Die Schlafcouch im Wohnzimmer wurde jeden Abend von meinem Vater ausgezogen, da wir faktisch einen Raum zu wenig hatten und somit das Wohnzimmer auch gleichzeitig das Schlafzimmer der Eltern war.

Glücklicherweise bekamen wir Kinder jeder unser eigenes Zimmer, ansonsten hätten wir uns noch in den ersten Wochen die Köpfe abgerissen. Die neue Lebenssituation trieb uns dennoch in den vorpubertären Wahnsinn. Vermutlich litt mein Bruder genauso sehr wie ich unter der Situation, doch anstatt miteinander zu reden, motzten wir einander nur an. Dennis verarbeitete seine Wut und sein Unbehagen damit, dass er sich mit Freunden prügelte oder mit ihnen Dummheiten anstellte. Ich glaube, sie haben einmal sogar gekokelt und in der Nachbarschaft einen Briefkasten in Flammen gesetzt. Von solchen Dingen habe ich mich stets distanziert. Meine Wut behielt ich für mich. Nicht nur einmal habe ich mir in der Zeit eine Person herbeigesehnt, mit der ich hätte reden können, aber ich machte die Dinge mit mir selbst aus, auch wenn ich an manchen Tagen das Gefühl hatte, ich würde implodieren.

Mit meinem Vater habe ich mich ganz okay verstanden. Näher kann ich es fast gar nicht beschreiben, denn er arbeitete immer bis abends, was dazu führte, dass wir im normalen Alltag nicht viel Zeit miteinander verbringen konnten. Dafür wurden Wochenenden und Ferienzeiten genutzt. Da mein Vater und seine neue Freundin jeweils ein eigenes Pferd hatten, verbrachte ich gezwungenermaßen meine Wochenenden draußen auf dem Pferdehof und musste dort viel mit anpacken. In meinen Augen war mein Bruder dafür besser geeignet. Nicht nur weil er sichtlich Freude an diesen Arbeiten hatte, sondern auch weil er stärker und handwerklich geschickter war als ich. Mein Vater pflegte allerdings zu sagen: »Wir packen alle mit an, denn von nichts kommt nichts.«

Du siehst, mein Leben hat bereits turbulent angefangen. Und als ob das eigene Familienleben nicht schon genug Probleme für einen Teenager bereithielte, fingen ab diesem Zeitpunkt meine Sorgen erst richtig an.*

---

* Einen Hinweis möchte ich vorab geben: Die Namen aller im Buch vorkommenden Personen wurden geändert und die Handlungen haben nicht exakt so stattgefunden, sondern wurden dramaturgisch angepasst.

SPÄTZÜNDER

Du kennst das, du wachst morgens auf und plötzlich sind alle aus deinem Freundeskreis verliebt und vergeben. »Nee, ich hab keine Freundin« war von da an eine Antwort, die ich meinen Mitschülerinnen und Mitschülern immer wieder geben musste. »Ich muss ja nicht. Meine biologische Uhr tickt nicht«, sagte ich nicht nur, um die Neugier der anderen endlich zu stillen, sondern auch, um mich selbst davon zu überzeugen. Ich war fünfzehn Jahre alt.

Ich weiß nicht mehr, wie oft ich in jenem Sommer allein zu Hause saß und versuchte, mir die Zeit zu vertreiben. So wie das eine Mal, als ich eigentlich unseren Detektivclub wiederbeleben wollte, aber niemand meiner Freunde Zeit hatte. Und es lag ganz bestimmt und auf jeden Fall daran, dass sie keine Zeit hatten, und nicht daran, dass wir bisher absolut gar keinen Fall gelöst hatten und dies auf Dauer frustrierend war. Einmal hatten wir zwar eine Katze gerettet, die in einem Baum saß, aber nur um dann zu beobachten, dass sie nach unserer Rettung wieder in dieselbe Eiche kletterte … Sie wollte wohl gar nicht gerettet werden. Ich schon, und zwar vor der Einsamkeit, in der ich mich gerade befand.

Ich saß in meinem Zimmer herum und hoffte, dass meine Freunde ihre Meinung noch ändern würden. Wir hatten doch schließlich immer alles zusammen gemacht. Aber die meisten meiner Freundinnen und Freunde waren jetzt zum ersten Mal vergeben und erfreuten sich daran, mit ihren selbst ernannten Seelenverwandten Zeit zu verbringen.

Seelenverwandtschaft, dass ich nicht lache. Was sollte das überhaupt sein? Wahrscheinlich gab es darüber Leserbriefe in den Jugendzeitschriften *Bravo* oder *Popcorn*. »Wie merke ich, dass wir füreinander bestimmt sind?«, hieß doch dort jeder zweite Test, der angeblich deine wahre Liebe bestimmen konnte. Ich fand das Konzept der Seelenverwandtschaft jedoch auch aus anderen Gründen seltsam. Denn macht ein Verwandtschaftsgrad einen nicht irgendwie zu ... Verwandten? Komische Vorstellung, so mit dem Lebenspartner verwandt zu sein. Aber was soll ich sagen, ich komme vom Dorf. Es gibt nichts, was man da noch nicht gesehen hat.

Meine Freunde hielt nichts davon ab, die eigene Verliebtheit jedem unter die Nase zu reiben. Ob man wollte oder nicht. Ich fand es fast schon gruselig, wie alle Pärchen scheinbar aneinanderklebten und turtelnd durch die Schulflure, die Innenstadt oder um den Maschsee zogen. Beinahe haben verliebte Menschen auch was von Zombies. Nur dass Letztere nach frischem Fleisch verlangen und liebestolle Jugendliche nach Tretbooten in Schwanenform. Nirgendwo war man vor denen noch sicher. Und während sie Eis aßen, sich dabei gleichzeitig Liebesbekundungen in die Ohren hauchten und Händchen hielten, vergaßen sie etwas ganz Entscheidendes: Mich! Und das immer wieder. Und so saß ich wieder allein zu Hause und merkte, wie kaum noch jemand Zeit für mich hatte. Mein Handy hatte ich vorsichtshalber auf lautlos gestellt und zur Seite gelegt – außerhalb meiner Reichweite.

Es meldete sich ohnehin niemand an diesem schönen Sommertag. So wie sich auch in den vergangenen Tagen niemand gemeldet hatte. Wenn sich doch jemand von meinen Freundinnen oder Freunden erbarmte, Zeit abzuknapsen, stand immer eine Bedingung im Raum: »Schatzi muss mit!« Mittlerweile wollte kaum noch jemand etwas mit mir allein unternehmen und wenn ich nicht wollte, dass »Schatzi« mitkam, dann gab es eine der vielen Ausreden, die ich bestimmt unzählige Male gehört hatte. Ich kannte sie alle, aber sie ließen sich auf eine ganz wesentliche Aussage runterbrechen: »Wir haben leider schon andere Pläne, Tommy. Das verstehst du doch sicherlich.« Klar, ich verstand. Oder zumindest versuchte ich es. Wenn man frisch zusammen ist, möchte man ja auch die Zweisamkeit genießen. Da ist jede andere Person eine Person zu viel. Aber das heißt doch nicht, dass man seine besten Freunde vernachlässigen muss, oder?

»Aus den Augen, aus dem Sinn«, pflegte meine Oma schon immer zu sagen. Ich hätte nicht gedacht, dass mir der Satz schon so früh in meinem Leben begegnen würde. Denn eigentlich waren meine Freunde und ich unzertrennlich gewesen. Wir hatten alles zusammen gemacht. Aber das war mit den neuen Seelenverwandten verpufft. Plötzlich nur noch eine Option zu sein und keine Priorität mehr zu haben, war ungewohnt.

Na ja, was soll's, dachte ich mir oft und schluckte meinen Frust runter. Auch das würde irgendwann vorbei sein. Hoffentlich. Im Winter fährt schließlich keiner Tretboot, das wäre dann meine Chance.

Eine Frage, die ich mir fast so oft stellte wie die, ob jemand Zeit für mich hatte, war, wie meine Freunde plötzlich und so völlig unerwartet ihre Seelenverwandten kennengelernt hatten. Hatte es da ein geheimes Treffen gegeben, das Tommys vorenthalten war? Hatte es Beziehungen irgendwo im Angebot gegeben und ich hatte es verpasst? Stand es in der *Bravo*, dass man mit fünfzehn Jahren eine Freundin haben musste? Obwohl ich meine Freunde so gut kannte, wunderte ich mich über dieses plötzliche Interesse an der Liebe und an einer Beziehung. Bislang brauchten wir so was doch nicht. Wir waren glücklich! Wir waren eine eingeschworene Clique. Jedes Wochenende waren wir verabredet, um Dinge zu unternehmen, Blödsinn zu machen, zu lachen und zu spielen. Wir bauten Buden aus Ästen, Stöcken und Laub, machten Klingelstreiche und traten Straßenlaternen aus (eine Unart, die man vermutlich nur aus der Vorstadt kennt, wenn man schlecht erzogene Freunde hatte). Wir brauchten nur uns und keine Partner oder Partnerinnen, die uns stören würden. Fehlte einmal einer aus unserer Gruppe, machte unsere Unternehmung auch gleich viel weniger Spaß und man freute sich auf ein baldiges Wiedersehen, da man sich dann viel zu erzählen hatte.

Alles, was meine Freunde aktuell erzählen konnten, war, wie toll es war, vergeben zu sein! Ach, und ganz vergessen, plötzlich wollte jeder über sein erstes Mal sprechen. Mich verwirrte das. Das erste Mal? Hatte man das so früh überhaupt schon? Und war ich der Einzige, der nicht darüber reden wollte? Wie redete man eigentlich darüber? Ich stellte mir das wie eine Rezension bei Google vor inklusive Sternchenvergabe: »Drei Sterne. Er war stets bemüht, aber am Ende fehlte es an Ausdauer.«

Kurzum: Mit fünfzehn hatte ich überhaupt kein Interesse an einer Beziehung, am Händchenhalten, am Küssen oder an diesem einen Mal. Ich konnte nichts Gutes daran finden und je länger ich darüber nachdachte, umso mehr Negatives fiel mir ein. Allein der Gedanke daran, sich vor einer anderen Person auszuziehen, verursachte bei mir ein flaues Gefühl im Magen. Nackt vor einer anderen Person? Danke für das Angebot, aber nein danke. Da überließ ich gerne anderen den Vortritt.

Mein Opa würde diese Einstellung »kauzig« nennen. Ich glaube, das heißt so viel wie »nett, aber seltsam«. Das wäre mit fünfzehn auch mein Kommentar zu einem nackten fremden Körper vor mir gewesen: »Nett, dass du das machst. Aber seltsam!« Vielleicht war ich ja auch ein bisschen wie mein Opa. Er ist glücklich ohne Partnerschaft, und das, seit ich denken kann. Er muss keine Kompromisse eingehen und macht das, was ihm gefällt, wie er es will und wann er es will. Fast so wie Pippi Langstrumpf oder Peter Pan. Für mich klang das spitze. Die einzige Krux war, dass ich das schlecht als Argument nutzen konnte, ohne danach vollkommen dumm von der Seite angeschaut zu werden. »Nein, ich habe keine Freundin, weil ich so sein möchte wie mein Opa. Alleine glücklich!«

Das klingt nicht nur uncool, das klingt auch so, als ob meine Klassenkameradinnen und -kameraden früher oder später noch einen weiteren Grund haben würden, mich aufzuziehen. Dabei reichte es jetzt schon, da ich der Einzige in der Klasse war, der keine Markenklamotten hatte. Auch wenn bestimmt nicht jeder Originale trug, sondern sich das ein oder andere gefälschte Teil aus dem Polen- oder Tschechienurlaub gegönnt hatte. Das, was zählte, war die Wirkung nach außen: Markenkleidung tragen bedeutete, cool zu sein. Und bei dem Punkt stand ich definitiv im Minus. Sogar noch ein bisschen weiter im Minus als Streber-Kathrin, die unserer Lehrerin fast täglich Geschenke auf das Pult legte. Zu allem Überfluss war ich auch noch der Kleinste aus der Klasse. So klein, dass man mich einfach aus dem Klassenzimmerfenster werfen konnte. Das klingt vielleicht wie ein Witz, aber das hat meine Klasse superoft mit mir gemacht. Ich konnte das Ganze nur dank meiner übermenschlichen Fähigkeiten überleben. Na gut, ich will nicht dramatisieren und dir die Wahrheit sagen. Aber nur dir: Unser Klassenzimmer lag im Erdgeschoss. Ich habe mich also nie verletzt und weil alle gelacht haben, habe ich einfach irgendwann angefangen mitzulachen. Ist ja auch wirklich zum Schießen, so ein Wurf aus dem Fenster. Das war aber die einzige Methode, die mir einfiel, wie ich es trotzdem schaffen konnte dazuzugehören. Wenn ich mich gewehrt hätte, hätten sie bestimmt noch schlimmere Sachen gemacht oder mich irgendwann komplett ausgegrenzt. »Man muss auch mal über sich selbst lachen können«, heißt es doch immer.

Wenn ich dann noch gesagt hätte, dass ich wie mein Opa sein wollte, hätte ich direkt die Schule wechseln können – oder besser noch auswandern, meinen Namen ändern oder den eigenen Tod vortäuschen. Idealerweise mit einem Sprung aus dem Fenster, damit sich der Kreis schließt. Nein, das war selbst für mich zu weit hergeholt. Also antwortete ich jedes Mal fast routiniert auf die ständig präsente Frage nach dem Beziehungsstatus: »Nein, ich habe keine Freundin.« Was ich bei meiner kleinen, ernst gemeinten Antwort nicht bedachte, war der Rattenschwanz an neugierigen Folgefragen. Irgendwann erhielt ich zum ersten Mal eine Gegenfrage, die mich fast umhaute: »Ach, also bist du schwul?« Ich wusste gar nicht, wie mir geschah. Wurde ich gerade tatsächlich gefragt, ob ich etwas anderes war als hetero? Ich? Schwul? Auf keinen Fall! Das hätte ich doch schließlich am besten wissen müssen! Ich war NICHT schwul. Punkt. Dass ich das überhaupt gefragt wurde. Ich war gar nichts! Weder heterosexuell noch homosexuell! Ich war einfach nur Tommy. Tommy ohne Freundin und ohne Interesse an der Liebe oder an einem Seelenverwandten. Warum konnte man das nicht einfach akzeptieren? Das war doch vollkommen okay, oder?

Eigentlich hätte ich es ahnen müssen, dass meine Verneinung dieser Frage meinen Klassenkameraden nicht ausreichte. Von diesem Zeitpunkt an wurde ich sehr oft und regelmäßig gefragt, warum ich keine Freundin hatte, ob ich einen Freund hatte, ob ich schwul war und wie lange ich schon schwul war. Warum musste ich denn eigentlich überhaupt wissen, was ich war? Es interessierte mich ja auch nicht, was andere waren. Das, was mich interessierte, war, dass Freundschaften nicht leiden sollten, nur weil man sich gerade in einer Liebesbeziehung befand. Sollte doch abgesehen davon jeder machen, was er oder sie wollte. Mir war es auch schnuppe, ob zwei Männer oder zwei Frauen zusammen waren. Das war mir wirklich vollkommen egal! Ich wusste lediglich: Für mich war es keine Option und ich wollte auch nichts damit zu tun haben. Allein das Wort »schwul«, wie das schon klingt.

»Schwul« waren für mich ganz andere Sachen! Zum Beispiel Klassenarbeiten, die schiefliefen, abgebrochene Stifte, platte Autoreifen, angebranntes Essen und alle Polizisten. So hatte ich es zu Hause gelernt und so war es doch dann auch. Warum sollte sich meine Familie damit irren? Sie hatten doch alle viel mehr Lebenserfahrung als ich. Schwul, dass ich nicht lache. Warum sollte ich mir eine so gehasste Sexualität aussuchen? Damit schadete man sich doch eher, als dass es einen glücklich machte.

Ich fragte mich, wie es überhaupt sein konnte, dass sich andere Leute über meine Sexualität Gedanken machten, bevor ich dazu gekommen war. Warum war das so interessant für Außenstehende? Das verstand ich überhaupt nicht. Ich machte mir doch auch keine Gedanken über die Sexualität anderer. Ich fand das unwichtig. Das, was zählt, ist doch, wie man als Mensch ist, oder irre ich mich?

Du siehst: Ich hatte plötzlich viel Zeit zum Nachdenken. Da ich weder einen Computer noch ein Smartphone besaß, musste ich meine Freizeit anders gestalten. Und da sich diese nun unfreiwillig verdoppelt hatte, musste ich mir gut überlegen, was mich nicht auf blöde Gedanken brachte. Deswegen unternahm ich viel mit meinem Bruder oder las *Harry Potter*. Obwohl mir auch da das Thema Beziehung auf die Nase gedrückt wurde. Selbst der sabbernde Harry und sogar Ron in seinem hässlichen Zottelmantel fanden ein Date. Aber nicht nur die. Auch mein kleiner Bruder Dennis hatte bereits eine Freundin.

Mein Bruder sagte immer wieder, dass er es komisch fände, dass ich so viele weibliche Freunde, aber kein echtes Interesse an einer als Freundin hätte. Aber bevor er es komisch fand, hatte er mir zig Liebeleien angedichtet. Immer wenn eine Freundin zu Besuch gewesen war, hatte er neckisch behauptet, dass da doch was zwischen uns liefe. Ich fand das immer superkindisch von ihm, aber immerhin hatte ich dann ein paar Tage meine Ruhe vor seinen nervigen Fragen bezüglich meines Beziehungsstatus. Irgendwann ging mir ein Licht auf und ich versuchte auch in der Schule einen Strategiewechsel.

»Klar hab ich eine Freundin, ich bin doch nicht schwul!?«, log ich, als ich mich nach dem Pausenklingeln auf den Weg in die Mensa gemacht hatte und mir der Klassenclown Daniel den Weg versperrte. Was bei meinem Bruder funktioniert hatte, hatte auch Potenzial, in der Schule zu einem Selbstläufer zu werden. Aber Daniel war nicht auf den Kopf gefallen, weshalb er die entscheidende Gegenfrage auf meine Lüge stellte: »Ach ja? Wer soll das sein?«

Mist. Damit hatte ich nicht gerechnet. Vielleicht war ich doch etwas zu unvorbereitet mit der Lüge in mein erfundenes Beziehungsleben gestartet. Ich hätte eine Charakterbeschreibung vorbereiten sollen, hätte eine glaubhafte und schwer überprüfbare Backstory und bearbeitete Fotos parat legen müssen, die mich mit einem unbekannten Mädchen zeigten.

»Ähm, die kennst du nicht. Sie ist nicht auf unserer Schule!«, stammelte ich unsicher. Wow, welch eine Glanzleistung. Jeder Mensch vor der Kamera einer Scripted-Reality-Sendung hätte diese Story glaubhafter rübergebracht als ich in diesem Moment. Aber gut, ich hatte nun mal handeln müssen. Lieber schnell schlecht lügen als lange überlegen und durchdacht antworten … Oder war das doch andersherum? Egal, nun war es zu spät.

Zu meiner Überraschung schien Daniel meine laienhafte Darbietung wohl nicht komisch vorgekommen zu sein, denn er hechtete mit einem »Hey, wartet auf mich!« seinen Freunden Richtung Pausenhof hinterher. Bis zu unserer nächsten Begegnung brauchte ich eine glaubhafte Geschichte oder ein Manuskript, an dem ich mich festhalten konnte. So etwas Unangenehmes durfte mir nicht noch einmal passieren. Nicht dass Daniel am Ende noch herumerzählte, dass ich mir eine Freundin ausgedacht hatte. Dann würden auf jeden Fall alle denken, dass ich meine Sexualität verstecken wollte. Wollte ich aber gar nicht. Ich wollte allen beweisen, dass ich ~~heterosexuell~~ normal war!

Ich wollte das Wochenende nutzen, um mir einen Plan auszudenken, wie ich eine Freundin außerhalb der Schule finden konnte. Das war gar nicht so einfach, da ich im Wesentlichen nur mit den Leuten aus der Schule befreundet war. Ich war zwar im Schwimmverein, aber leider waren da nur Jungs in meiner Gruppe und zu den anderen Gruppen hatten wir nur sehr wenig Kontakt. Ich konnte ja schlecht vor der Umkleide des anderen Schwimmteams warten und mir eine Freundin aussuchen. Außerdem sah ich ohne Brille sowieso nichts und hätte nicht einmal gewusst, wer mir gegenüberstand. Bei meinem Glück würde ich minutenlang mit einer Poolnudel flirten, ohne es zu merken. Also war der Schwimmverein keine Option. Es sei denn, ich wollte eine Poolnudel fürs Leben finden. Vielleicht würde ich später auf die Option zurückkommen, wenn alle Stricke rissen.

»Hier, schau mal, was in der Zeitung steht.« Mit diesen Worten riss mich meine Stiefmutter aus meinen Gedanken. Genervt schnappte ich mir das Tagesblatt und überflog den oben liegenden Artikel. »Freitagabend … öffnet endlich wieder die Türen … Premiere … Kinder- und Jugenddisco!« Offenbar war sogar zu Hause aufgefallen, dass ich weniger draußen war als sonst.

»Du kannst ja Lara und Nathalie fragen, ob sie mitkommen wollen«, meinte meine Stiefmutter. Ja, genau, meine besten Freundinnen, damit beide ihren Freund mitbrachten?

»Nee, die haben leider schon etwas anderes vor und sind das ganze Wochenende weg«, entgegnete ich. Und sicher wusste selbst meine Stiefmutter, dass es äußerst unangenehm war, sich mit seinem Traubensaft allein neben die Tanzfläche zu stellen und leicht im Takt zu wippen. Das konnte ich nicht bringen.

Unvermittelt stellte ich mir meine Zukunft vor:

Wir schreiben das Jahr 2060. Mit tattrigen Händen setze ich mir meine Brille richtig auf und sehe, wie mein Enkel zu meiner Frau geht und mit großer kindlicher Neugier fragt: »Du, sag mal, Omi, wie hast du eigentlich damals den Opa kennengelernt?« Während sie behutsam ihre Stricksachen weglegt und kurz in die Ferne schaut, antwortet sie laut: »Ja, also, der Opa hatte keine Freunde und deshalb hat er stattdessen in der Disco mit seinem Traubensaft getanzt. Dass das nicht gut ausgeht, kann man sich ja denken. Völlig bekleckert hat er sich. Nachdem ihn der ganze Club ausgelacht hat, hatte ich Mitleid und bin aus Nettigkeit mit ihm zusammengekommen.«

Kein wirklich guter Plan, auf den man hinarbeiten sollte, fand ich. Also müsste ich bei der Jugenddisco mit jemandem aufschlagen, der nicht nur mein Wingman sein konnte, sondern mich auch am Tanzen hindern würde. Die Person durfte mir aber nicht die Show stehlen und die Aufmerksamkeit komplett auf sich lenken, denn ich hatte eine Mission: eine passende Freundin finden, um ein normales Leben führen zu können. Ein normales Leben, wie es sich jeder für mich wünschte.

Freitagabend stand ich also mit Dennis vor der Tür des Jugendzentrums, in dem schon ein wenig Treiben herrschte. Dass ich meinen

Bruder mitgenommen hatte, hatte vor allem den Grund, dass ich neben ihm immer sehr höflich und gut erzogen wirkte, also war ich heute ganz besonders selbstbewusst. Obwohl die Veranstaltung für Kinder und Jugendliche zwischen dreizehn und sechzehn Jahren war, hatte ich irgendwie das Gefühl, dass mein Bruder und ich die Jüngsten waren. Wenn auch nur einer der Anwesenden dreizehn war, wollte ich sofort wissen, wie sie das mit den Bärten hinbekommen hatten und wieso alle älter aussahen als ich.

»Später wirst du dich noch freuen, dass du immer jünger geschätzt wirst«, hatte meine Oma mir mal gesagt. Das galt vielleicht für Omas, aber doch nicht für mich. Klar, ich mochte ein fünfzehnjähriger Singlejunge im Körper eines Elfjährigen sein, der exakt die gleiche Stimmfarbe hatte wie seine Stiefmutter und der deswegen entweder am Telefon mit ihr verwechselt oder in natura für ein Mädchen gehalten wurde. Direkt schrumpfte mein Selbstbewusstsein wieder auf die Größe einer Erbse.

»Das gibt's doch nicht! Dennis?« Ich drehte mich um und schaute in das Gesicht eines blonden Jungen, der locker zwei Köpfe größer war als ich. Ingve aus der Fußballmannschaft meines Bruders stand grinsend vor uns. Vermutlich konnte man mir direkt ansehen, dass ich überrumpelt war. Vor Schreck gab ich ein gepresstes »Huch!?« von mir, während ich einen Meter zur Seite hüpfte. Mit einem coolen Handschlag begrüßten sich die beiden und verschwanden zum Kickertisch. Wenn ich eins noch weniger leiden konnte als Fußball, dann war es Tischfußball, daher war ich irgendwie schon froh, dass sie mich nicht mitgenommen und zum Spielen überredet hatten.

Also setzte ich mich allein an die Bar. Snacks waren ja auch kein schlechter Start für eine Party. Wobei »Party« vielleicht etwas übertrieben war, denn für eine Party waren echt wenig Menschen da. Abgesehen von den sechs Jungs am Kicker war da noch ein rothaariges Mädchen, das am Eingang neben einem Mann stand, zwei Jungs, die schweigend mit mir an der Bar saßen, und ein blondes Mädchen, das mit der Frau hinter der Bar redete. Auf der nennen wir sie mal »Tanzfläche« standen völlig verloren ein leerer Stehtisch und eine Nebelmaschine. Der traurige Rauch, der aus dieser Maschine kroch, sah aus, als würde das Gerät rauchen, weil es defekt war.

»Dann hätte ich gerne eine große Apfelsaftschorle«, rief das blonde Mädchen an der Bar. Direkt drehte ich mich zu ihr um.

»Was?«, fragte ich völlig verwirrt, als hätte sie mit mir gesprochen. Offensichtlich galt die Bestellung der Dame an der Bar und nicht mir, aber mein schnelles Umdrehen hatte das Mädchen vermutlich genauso aus dem Konzept gebracht wie mich.

»Ähm, ich hab nicht mit dir gesprochen. Ich hab bestellt. Willst du auch etwas trinken?«

Verdutzt schaute ich sie an. Ich hatte nicht damit gerechnet, dass ich so schnell mit jemandem ins Gespräch kommen würde. »Tommy!«, antwortete ich etwas zu schnell. Dass dies nicht die Antwort auf ihre Frage war und dass sie nun noch verwirrter schaute als sowieso schon, fiel mir erst auf, als sie meine ausgestreckte Hand nicht schüttelte, sondern ihre Frage wiederholte.

»Willst du auch was trinken, Tommy?«

»Ach so, ja, gerne, einen O-Saft«, entgegnete ich und zog schnell meine Hand wieder zurück.

»Fein. Ich heiße Milli, freut mich«, sagte sie und drehte sich lächelnd wieder zur Bar. Milli. Ungewöhnlicher Name. Fehlt da noch ein Rest? Millimeter? Milligramm? Milli Vanilli? Ich habe noch nie jemanden mit einem solchen Namen getroffen.

»Ist dein Name eine Abkürzung?«, fragte ich, nachdem Milli die Bestellung aufgegeben hatte. Ich wollte unbedingt eine Unterhaltung starten, um nicht irgendwann doch gezwungen zu sein, mit meinem Bruder zu kickern. Erwartungsvoll schaute ich sie an und versuchte, nicht zu verkrampft zu wirken.

»Nein. Milli ist einfach ein Spitzname, den ich irgendwie schon immer hatte. Eigentlich heiße ich Romina«, grinste sie. Sie gab mir das Gefühl, dass ich darauf auch mit einem komischen Fakt über mich antworten müsste.

»Mich nennt mein Sportlehrer immer Flummi. Ich glaube, er kann sich meinen Namen nicht merken«, entgegnete ich, als wäre diese Information etwas, auf das man stolz sein könnte.

»Freut mich, Flummi!« Sie reichte mir die Hand. Ihr Handrücken zeigte nach oben, so wie vornehme Damen jemandem ihre Hand zu reichen pflegten. Der Hand einen Kuss zu geben, fand ich in dem Moment allerdings total seltsam, sodass ich ihr einfach den Handrücken schüttelte.

»Du bist witzig. Komm, lass uns tanzen«, gluckste Milli und sprang von ihrem Hocker auf. Sie trug ein weißes Kleid mit Blumenmuster, das ihr bis zu den Knöcheln reichte. Die Blumen in Magenta und Lila wurden nach unten bis zum Saum des Kleides immer dichter und ließen es so wirken, als stünde Milli in einem Tornado aus herumfliegenden Blumen. Ein wahrlich verstörendes, aber fürchterlich gut duftendes Bild! Unsere Getränke an der Bar nicht aus den Augen lassend, begaben wir uns zur Tanzfläche, auf der sich mittlerweile zwei weitere Mädchen eingefunden hatten. Da ich keines der Lieder kannte, wusste ich nicht wirklich, wie ich mich bewegen sollte, und fühlte mich eher wie einer dieser Luftschläuche, die meist vor großen Autohäusern zu Werbe- oder Dekozwecken aufgestellt werden. Da Milli allerdings mit geschlossenen Augen tanzte, war es mir gar nicht so arg unangenehm, wie es mir sonst gewesen wäre. Von meinem Tanzplatz aus konnte ich auch den Kickertisch nicht sehen, sodass ich außerhalb des Sichtfeldes meines Bruders tanzte. Der Druck in meiner Brust wurde weniger. Ich tanzte freier. Ich weiß nicht, wie lange wir tanzten und welchen Small Talk wir hielten, aber eins wusste ich: Milli war ein echt cooles Mädchen. Ich konnte es noch nicht glauben, dass sie sich mit mir abgab. Normalerweise waren solche Mädchen nicht an mir interessiert oder sofort vergeben. Oh nein. Was, wenn sie bereits einen Freund hatte? Ob der auch hier war? Panisch schaute ich mich um. Milli bewegte sich weiter im Rausch der Musik. Sie wirbelte herum. Die Blumen tanzten.

»Du?« Ich tippte ihr auf die Schulter. Die wirbelnde Milli öffnete ihre Augen und schaute mich freudig an. Lange starrte ich in ihre leuchtenden Pupillen und überlegte, wie ich den nächsten Satz formulieren könnte. »Hast du eigentlich ... single? Also solo? Was? Nein. Hast du einen Freund? Das meinte ich!« Ich merkte, wie mir das Blut in die Ohren schoss. Vermutlich wurde ich wieder knallrot, so wie es immer passierte, wenn ich nervös war.

»Noch nicht«, antwortete sie und zwinkerte mir zu. Mir wurde noch wärmer. Das war entweder eine nahende Grippe oder mein Kopf platzte gleich vor Aufregung. Sie nahm meine Hände und tanzte mit mir zusammen. Es fühlte sich so an, als würde sie mich nicht nur beim Tanzen an die Hand nehmen, sondern ganz generell. Sie wirkte so selbstbewusst, so erwachsen und so sicher. Das gefiel mir.

»Wo wohnst du eigentlich?«, fragte ich Milli irgendwann, die mit ihren Armen schwungvolle ausladende Bewegungen machte, als würde sie große unsichtbare Kisten durch die Luft schieben. »Ich besuche meinen Opa hier in Hannover. Ich wohne aber in Braunschweig«, antwortete sie, ohne mit dem Tanzen aufzuhören. Inzwischen wirkten ihre Bewegungen, als würde sie versuchen, Krümel oder Insekten von ihren Armen zu wischen. Nie wieder müsste ich mir über meinen Tanzstil oder sonst irgendetwas Gedanken machen, wenn ich tanzen könnte wie Milli. Nicht der Tanz machte es für mich so beneidenswert, sondern wie sie sich gab. Jemandem, der so selbstbewusst tanzte, als wäre er ganz allein, konnte niemand etwas anhaben. Bewundernswert.

Braunschweig. Ich hatte keinen Schimmer, wo genau sich diese Stadt befand. »Und wo kommst du her, Flummi?« Direkt bereute ich, dass ich ihr von diesem Spitznamen erzählt hatte.

»Ich komme aus Hannover. Wohne zwar ein bisschen am Rand, aber nicht weit von hier«, antwortete ich. »Wie lange fährt man zu dir, also, wo genau wohnst du in Braunschweig?« Nachdem ich den Satz ausgesprochen hatte, machte ich mir sofort Gedanken darüber, ob es nun so wirken könnte, als wenn ich mit zu ihr wollen würde, und ob es gruselig klingen könnte, dass ich so speziell nachgefragt hatte. »Also, ich will dich nicht besuchen oder so. Interessiert mich nur, falls ich mal in der Nähe sein sollte.«

»Also, vierzig Minuten braucht man sicherlich, je nachdem wie gut man hier durch die Innenstadt kommt. Manchmal braucht man fünfzehn Minuten länger«, rechnete Milli mir vor und begab sich zur Bar, wo unsere Getränke noch auf uns warteten. Hatte sie unsere Getränke eigentlich bezahlt? Verdammt, ich war völlig in Gedanken gewesen und hatte weder meinen Saft bezahlt noch hatte ich sie eingeladen. Ich sollte ein Gentleman sein!

»Darf ich dich auf ein weiteres Getränk einladen?«, fragte ich sie und ignorierte den Fakt, dass ihr Glas noch drei viertel voll war.

»Auf ein kostenloses Getränk? Eine liebe Einladung, aber ich hab noch.« Sie lächelte und prostete mir zu. Na, kann ja keiner ahnen, dass die Getränke hier for free sind.

»Leider kann ich nicht so lange bleiben, ich war gestern schon hier und bin nur noch einmal kurz vorbeigekommen, weil es bei uns in Braunschweig so eine Party leider nicht gibt «, seufzte sie, während sie den letzten Schluck aus ihrem Strohhalm zog. Sicher nur eine Ausrede. Nicht einmal ein fremdes Mädchen auf einer Party konnte ich lange genug im Gespräch halten. Wir kannten uns doch noch gar nicht lange, gerade einmal … Ich blickte auf meine hellblaue Armbanduhr. Was? Wir waren bereits drei Stunden hier? Wohin ist denn die Zeit verschwunden?

»Oh … okay.« Dennoch enttäuscht ließ ich meine Arme hängen. Ich hätte noch ewig Zeit mit Milli verbringen können.

»Lass den Kopf nicht hängen. Wir können unsere Adressen austauschen, dann können wir uns Briefe schreiben. Und so weißt du dann sogar genau, wo ich wohne, falls du mal in der Nähe sein solltest.« Sie schmunzelte und eilte zur Bar, um mit einem Stift und einem Zettel wieder zurückzukommen. Der schnelle Wechsel zwischen der Enttäuschung, dass der Abend bereits endete, und der Freude über die neu gewonnene Brieffreundschaft sorgte dafür, dass ich wieder rote Ohren bekam. Ich schrieb Milli meine Adresse auf und begleitete sie nach draußen. Vor der Tür angekommen drehte sie sich um und umarmte mich. »Hat mich gefreut, Tommy.«

»Mich auch. Ich schreibe dir, sobald ich daheim bin«, rief ich ihr hinterher. Sie drehte sich nicht noch einmal um. Sie ging die Einfahrt hoch, wo bereits eine winkende Frau stand. Wahrscheinlich ihre Mutter.

Direkt nach der Party verfasste ich meinen ersten Brief, weil ich es gar nicht abwarten konnte, mehr Zeit mit Milli verbringen zu können. Da ich mir sicher war, dass Milli Blumen mochte, rahmten meinen Brief Zeichnungen von vielen kleinen Blümchen und Pflanzen ein. Als ich mir das fertige Werk anschaute, wurde ich plötzlich unsicher und unzufrieden. Je länger ich meine Blumen inspizierte, desto mehr wurden sie zu Brötchen am Stiel, zu wabbeligen Flecken oder zu Quallen mit nur einem Tentakel. Ich entschied mich, neu anzufangen und die Zeichnungen wegzulassen. Ich war tierisch aufgeregt und fragte mich, wie lange Milli mit dem Antworten brauchen, was sie schreiben und ob sie vielleicht etwas zeichnen würde.

Viele Briefe wurden daraufhin zwischen Hannover und Braunschweig hin und her geschickt. Und nach nur wenigen Briefen wagte ich es auch, eine Blume für Milli zu malen und ihr anschließend von meinem ersten Brief und den »Brötchen am Stiel« zu erzählen. Milli konnte darüber lachen und malte von da an auf jeden Brief eine Blume und ein Brötchen. Unsere kleine ganz eigene Tradition.

Mit ihr als guter Freundin hatte ich endlich jemanden an meiner Seite, dem ich all meine Gedanken und Gefühle anvertrauen konnte. Und das sogar ganz ohne peinlichen Blickkontakt, sondern ganz einfach per Brief oder Telefon. Ich traute mich bei ihr viel mehr als bei meinen Freunden aus der Schule, obwohl wir uns ja eigentlich kaum kannten. Oder vielleicht eben weil wir uns so wenig kannten. Je mehr wir miteinander schrieben und telefonierten, desto besser lernten wir uns kennen und desto mehr wuchsen wir zusammen. Wir tauschten uns über unsere schönsten und schlimmsten Kindheitsgeschichten aus, redeten über unsere Brüder, über unseren Schulalltag und wir spielten »Was wäre wenn?«-Gedankenspiele.

Was wäre, wenn wir auf ein und derselben Schule wären?
Was wäre, wenn wir noch länger auf der Party geblieben wären?
Was wäre, wenn wir keine Geschwister hätten?
Was wäre, wenn wir plötzlich magische Fähigkeiten hätten?
Was wäre, wenn wir ein Paar wären?

Moment? Hatte sie das wirklich in ihrem Brief geschrieben? Ich las ihre Zeilen erneut. Und dann noch mal, nur um wirklich sicherzugehen. Tatsächlich. »Was wäre, wenn wir ein Paar wären? Was würdest du tun, Tommy?« Eine kleine Blume zierte das Ende der Frage.

Ja, Tommy, was würdest du tun? Meine Gedanken kreisten. Ich verstand mich sehr gut mit Milli, ich wollte gerne mehr Zeit mit ihr verbringen. Ich wollte, dass jeder eine Milli hatte. Ihre offene und herzliche Art machte die Welt zu einem besseren Ort. War das Liebe? Waren da Gefühle, wenn auch nicht in Form von den berühmten Schmetterlingen? War ich bereit, eine Freundin zu haben? Zögerlich nahm ich mir meinen Block, schrieb eine einzige Zeile, riss das Papier heraus, faltete es zusammen und steckte es in einen Umschlag. Ich klebte den Brief zu und legte ihn auf den Stapel Post an der Haustür, den mein Vater morgens auf dem Weg zur Arbeit immer zum Verschicken mitnahm.

Willst du meine Freundin sein?
Ja ( )
Nein ( )
Ja, mit all deinen Brötchen am Stiel ( )

DER ERSTE KUSS

Du kennst das, du wachst morgens auf und bist ganz frisch vergeben. Vergeben an eine echte Person. An ein Mädchen, das weder ausgedacht noch erträumt ist. Du darfst mir gratulieren. Ich hatte jetzt Milli, meine erste feste Freundin Milli. Damit machte ich einen großen und wichtigen Schritt zum erfolgreichen heterosexuellen Erwachsenen. Jetzt musste ich endlich keine erlogene Antwort mehr stammeln, wenn der Hohlkopf Daniel mir den Weg versperrte und mich nach einer Freundin fragte. Jetzt konnte ich endlich eine wahre Antwort stammeln, wenn der Hohlkopf Daniel mir den Weg versperrte. Und damit befand ich mich offiziell auf der Siegerstraße des Lebens, schließlich konnten mir nun weder er noch mein Bruder noch sonst wer mit blöden Nachfragen etwas anhaben.

»Und, habt ihr euch schon geküsst?«

Mist, zu früh gefreut. Daniel stand wie ein großes X im Türrahmen unseres Klassenzimmers, um meinen Fluchtweg zu versperren. Ohne groß darüber nachzudenken, sagte ich etwas Schlagfertiges, um mehr Zeit zu gewinnen: »Hm?«

»Habt ihr euch schon gekü-hüsst?«

Ich war noch nicht alt genug, um den Spruch »Ein Gentleman schweigt und genießt« zu kennen. In meinem Alter ging es darum, Eindruck zu machen. Und das gelang leider nicht, indem man geheimnisvoll und bescheiden blieb, sondern nur indem man seine »Errungenschaften« in aller Öffentlichkeit herausposaunte. Passend dazu war unsere Klasse im Lehrerzimmer als Kuschelklasse bekannt, weil die Pärchen in jeder Pause umarmt auf dem Flur standen und warteten, bis der nächste Glockenton erklang. Die Pärchen beobachteten sich dabei gegenseitig, um zu gucken, ob andere Pärchen schon etwas machten, was man noch nicht machte, oder ob andere Pärchen noch etwas machten, was man »schon lange« (also seit ein paar Tagen) aufgehört hatte zu machen. In diesen ersten Beziehungen ging es offensichtlich darum, den Pärchenwettbewerb zu gewinnen. Ich weiß nicht, was der Preis für die Sieger war, denn auf dem Schulzeugnis stand dazu bisweilen nichts, glaube ich. Manchmal hatte ich es mir aber vorgestellt.

Deutsch: 2
Mathematik: 4
Pausenverhalten: Marko hat Irina seine Zunge ins Ohr gesteckt und eine Hand auf ihren Po gelegt, was zur allgemeinen Bewunderung seiner Freunde geführt hat.

Ich hatte schon oft Gespräche voller Neid zwischen Freundinnen mitbekommen, weil sich andere vor allen auf dem Flur küssten.

»So einen Freund will ich auch haben!« war dann immer der Satz, den man hörte. Daniel hatte den bestimmt ebenfalls mal aufgeschnappt. Deshalb dachte er auch, dass das Küssen entschied, ob man in einer »richtigen« Beziehung war oder in einer kindischen. Von meiner Antwort hing nun also alles ab.

»Ja, klar haben wir uns schon geküsst«, fiepte ich schließlich. An Schlagfertigkeit war ich an diesem Tag wirklich kaum zu überbieten.

Daniel lachte plötzlich so laut auf, dass ein Schock durch meinen Körper raste. Das X in der Tür machte schmatzende Kussgeräusche und tat so, als würde er dabei einen unsichtbaren Menschen umarmen. Ihh. Ich lächelte brav und versuchte mir nicht anmerken zu lassen, dass mein ganzer Körper die Flucht ergreifen wollte. Eine Minute später zog Daniel noch immer sein Einmanntheater ab und wedelte vor mir mit seiner Zunge in der Luft herum.

»Daniel, lässt du mich durch?«, fragte unsere Lehrerin, die plötzlich hinter mir stand. Daniel beendete schmatzend den Ausflug seiner Zunge und stürmte peinlich berührt Richtung Aula. »Bis morgen, Tommy«, sagte Frau Langer und ließ mich allein im Klassenraum stehen. Ich antwortete nicht, in meinem Kopf rotierte nur ein Gedanke: *Ich musste Milli küssen.*

Hier ein paar Grundregeln zum Küssen:

1. *Ein Kuss ist nur dann erlaubt, wenn alle Beteiligten (mindestens zwei) es wollen.*
2. *Ein Kuss zählt nur, wenn er auf den Mund ist. Alles andere sind Bussis.*
3. *Küssen funktioniert am besten, wenn alle Beteiligten zur gleichen Zeit am gleichen Ort sind.*

Spätestens bei dieser dritten Voraussetzung fingen für mich die Schwierigkeiten an. Ich überlegte: Milli wohnte in Braunschweig. Ich bräuchte etwa eine Stunde zu ihr – wenn ich ein Auto hätte. Hatte ich aber nicht. Was wohl mein Vater sagen würde, wenn ich ihn darum bat, mich stundenlang durch Niedersachsen zu kurven, damit ich meiner Freundin einen Kuss geben konnte? Wahrscheinlich Nein. Ich überlegte weiter: Mit der Bahn bräuchte ich ebenso lange, könnte mir das Ticket aber gar nicht leisten. Zu Fuß bräuchte ich über zwölf Stunden. Das war fast länger, als Milli und ich ein Paar waren! Und da wären ja nicht mal die Pipipausen einberechnet. Küssen war also doch gar nicht so einfach, wie alle immer sagten.

Da wir uns nicht sehen konnten, führten Milli und ich eine Beziehung, die ich … joa, doch recht dämlich fand. Nicht nur hatten wir eine Fernbeziehung und mussten somit ausschließlich mit Briefen und Telefonaten auskommen, nein, wir hatten es dennoch geschafft, zu einem Pärchenklumpen zu werden. Und solche Menschen hatte ich bis dato immer verabscheut.

Pärchenklumpen waren diese Menschen, die ihre Meinung immer in der Wir-Form ausdrückten. »Wir haben am Wochenende Besuch.« – »Wir kommen doch nicht mit zum Baden.« – »Wir mögen den Badesee nicht mehr, da sind so viele Algen drin, das ist ekelig.« Wer's glaubt, Manuel. Das ist die Meinung deiner Freundin, aber ganz sicher nicht deine. Du hast sogar mal einen Regenwurm auf dem Pausenhof gegessen, nur um zu beweisen, dass du dich vor nichts und niemandem ekelst.

Pärchenklumpen waren also jene Menschen, die ständig über ihre Seelenverwandten schwärmten und im Idealfall ALLES gemeinsam machten. *Uns-zertrennlich* nennt man diese Art Pärchenklumpen, glaube ich.

Jetzt hatte ich zwar eine Freundin und die Pärchenklumpen nervten mich immer noch, aber ich konnte nicht bestreiten: Milli und ich waren auch einer. Allerdings waren wir besser als die anderen, denn wir gingen niemandem mit unserer Beziehung auf den Keks. Wir blieben unter uns und freuten uns aufeinander, ohne es jedem auf die Nase zu binden. Täglich zwischen neunzehn und zwanzig Uhr waren wir zum Telefonieren verabredet. Um 18:50 Uhr ging ich üblicherweise in unsere Küche, wo das Telefon stand, um es mit auf mein Zimmer zu nehmen und es zu reservieren. Damit musste ich anfangen, weil mein nerviger Bruder irgendwann gemerkt hatte, dass er mich wunderbar ärgern konnte, indem er um 18:59 Uhr irgendeine Nummer aus unserem Telefonbuch anklingelte und dann ewig lang ins Plaudern geriet, um mir mein tägliches Date zu vermiesen. Er tat dann oft so, als müsste er einen Klassenkameraden irgendwas zu den Hausaufgaben fragen. Deshalb konnte ich auch nicht zu meiner Stiefmutter gehen und ihr sagen, dass Dennis mich absichtlich ärgerte. Sie war so stolz auf Dennis' täglich um kurz vor neunzehn Uhr aufblitzenden Schulfleiß, dass sie immer zu seinen Gunsten entschied. Ich sollte mich dann gefälligst gedulden, da ich ja lediglich mit einer Freundin quatschen wollte. Hallo? Mit *einer* Freundin? Nein, mit *meiner* Freundin. Gewaltiger Unterschied!

Die Telefonate mit Milli waren für mich heilig, es war unser einziger Kontakt, unsere einzige Möglichkeit, uns besser kennenzulernen. Schließlich hatten wir uns erst einmal gesehen. Trotzdem verhielten wir uns am Telefon oft so, als wären wir schon seit Jahrzehnten ein Paar. Von der Zeit in der Jugenddisco erzählten wir uns gegenseitig, als wären diese Erinnerungen schon ewig alt. »Weißt du noch, damals …?«, begann Milli ihre Sätze oft, nur um dann einen Insider auszupacken, der bei unserer ersten Begegnung entstanden war. Ihre Lieblingsgeschichte war, wie ich auf dem Rückweg von der Toilette zur Tanzfläche fälschlicherweise zu einem anderen Mädchen gegangen war, von der ich dachte, sie sei Milli. Zu meiner Verteidigung muss ich sagen, dass es sehr dunkel war auf der Tanzfläche und ich durch die Scheinwerfer und den Nebel der Nebelmaschine eine eingeschränkte Sicht hatte. Dass meine Brille nie die sauberste war, hatte sicher auch seinen Teil dazu beigetragen, dass ich wie ein Maulwurf zur erstbesten Person hingelaufen war, um ihr zu sagen: »Die Toiletten hier sind voll gruselig, das nächste Mal gehen wir zusammen.« Rückwirkend betrachtet kann ich davon ausgehen, dass das fremde Mädchen diesen Satz sicherlich gruseliger fand als die Toiletten. Sie nahm schnell Reißaus, noch bevor ich das Missgeschick aufklären konnte.

Ich würde gerne behaupten, dass ich Milli jetzt auf den ersten Blick erkennen würde, aber dann würde ich lügen, denn ich kann mir Gesichter echt schlecht merken. Ein wenig bereute ich es, dass wir kein gemeinsames Foto bei der Party gemacht hatten. Das hätte im Nachhinein einiges erleichtert. Ich hätte das Foto in der Schule rumzeigen können, um zu beweisen, dass Milli echt war. Und ich hätte mich leichter daran erinnern können, wie Milli noch mal genau aussah. Damals waren Party-Selfies jedoch noch nicht so in Mode. Aber dass sie ein Kleid mit Blumenmuster trug, werde ich nie vergessen. Milli hatte tatsächlich eine Vorliebe für Blumenkleider, weil sie dann, wie sie mir einmal sagte, bei jeder Gelegenheit eine Blumenwiese begutachten konnte – sie musste nur an sich hinabschauen. Ihr war das wichtig, um so die Welt ein bisschen fröhlicher zu gestalten. Wenn Milli so was erzählte, hatte ich immer das Gefühl, zum ersten Mal frische Luft zu atmen. Ihre Fröhlichkeit war ansteckend! Ich wollte sie in solchen Momenten all meinen Freunden vorstellen und zeigen, dass ich die coolste Freundin auf der ganzen Welt hatte. Ich wollte mit ihr umschlungen im Flur in der Schule stehen und die neidischen Blicke und Gespräche der anderen Pärchen auf uns ziehen. Ich wollte, dass auf meinem Zeugnis stand, dass meine Milli und ich die Hochachtung der anderen Flurpärchen genossen. Aber: Milli wohnte in Braunschweig, ich in Hannover und unsere Telefonate waren der einzige Kontakt, den wir zueinander hatten.

Es war Freitagabend, neunzehn Uhr. Milli und ich telefonierten bereits seit mehr als zwei Wochen jeden Abend miteinander. Doch heute blieb das Telefon stumm. Wieder und wieder huschten meine Augen über die starren Zeiger meiner Uhr. Ich vergewisserte mich, dass ich in meiner zehnminütigen Wartezeit nicht eingeschlafen war und Millis Anruf verpasst hatte. Um 19:01 Uhr steckte mein blöder Bruder sein noch blöderes Gesicht in mein Zimmer.

»Wenn du heute nicht telefonierst, komm mal mit raus.«

»Ich telefoniere heute«, sagte ich – auch um meine eigene Verunsicherung zu beruhigen. Milli hatte noch nie zu spät angerufen. War ihr vielleicht etwas passiert?

»Vielleicht will sie heute nicht.« Dennis konnte es nicht lassen.

Ich verfolgte den Sekundenzeiger meiner Uhr, bis er am Ende seiner Runde ankam, nur um die nächste zu beginnen. Ich dachte immer, die Zeit vergeht langsamer, wenn man wartet, aber der Sekundenzeiger schien es eilig zu haben, Millis Verspätung voranzutreiben. 19:02 Uhr.

»Komm, wir gehen raus!« Mein Bruder kam auf mich zu. Gleich würde er an meinem Ärmel ziehen, um mich zum Mitkommen zu zwingen. Ich wich vorsorglich ein paar Schritte vor ihm zurück.

»Lass mich!« Ich versuchte, mit ordentlich Nachdruck zu sprechen, und begann darüber nachzudenken, dass ich vielleicht bei Milli anrufen sollte. Ausnahmsweise. Das war einfacher gesagt als getan, denn schon seit ich denken kann, hatte ich eine richtige Abneigung dagegen, irgendwo anzurufen.

Hatte Milli mich vielleicht vergessen? Nein! Man kann nichts vergessen, was jeden Tag zur gleichen Zeit stattfindet. Das wäre, als würden meine Eltern vergessen, dass die *Tagesschau* lief. Oder als würde ich vergessen, dass ich morgen zur Schule musste. Das würde mir doch keine Lehrkraft der Welt abkaufen! »Eine Krankmeldung für gestern? Ich war nicht krank, ich hab einfach vergessen, dass ich zur Schule muss.« Nein, das klang eher nach meinem Bruder als nach Milli. Wo war der eigentlich hin? War er nach meinem »Lass mich!« wirklich einfach gegangen? Unüblich.

Ich schaute auf meine Uhr. 19:04 Uhr. Im Bad neben meinem Zimmer rauschte gedämpft die Klospülung. Eine Fruchtfliege erhob sich stumm von einer leicht fleckigen Banane auf meinem Schreibtisch, drehte zwei Runden und setzte sich fast auf die gleiche Stelle, von der sie gestartet war. Sie schien vergessen zu haben, dass sie dort schon gesessen hatte. Einer Fruchtfliege könnte man also glauben, wenn sie ihre Schulpflicht vergessen würde. Oder die *Tagesschau*. Das Telefon klingelte und ich ging sofort ran.

»Hallo, hier ist Tommy!«

»Tut mir leid, dass ich so spät bin!«, hörte ich Millis zarte Stimme sagen.

»Ich wollte gerade bei dir anrufen und nachfragen.« Genau, Tommy. Um die Lüge schnell zu vergessen, schob ich die Wahrheit hinterher: »Ich hab mir ein bisschen Sorgen gemacht.«

»Musst du nicht. Mein Bruder hatte nur noch das Telefon und wollte es mir nicht geben. Dabei haben er und sein Freund nur Tiergeräusche in den Hörer gemacht und gelacht.«

Millis Bruder Cedric war ziemlich genau wie meiner, nur drei Jahre älter. Würden Aliens in Niedersachsen landen und nur meinen und ihren Bruder kennenlernen, müssten sie denken, dass die Hauptaufgabe von Brüdern darin bestand, Trottel zu sein. In den ersten Telefonaten hatten Milli und ich immer versucht, uns gegenseitig zu übertrumpfen: Wer hat die dümmsten Brudergeschichten? *Wetten, dass ... mein Bruder blöder ist als deiner?* Ich hatte als Highlight erzählt, dass mein Bruder mal im Hochsommer Handschuhe in einem Laden geklaut hatte, erwischt worden war und die Polizei dann bei uns aufgetaucht war. Richtig dicken Ärger hatte er bekommen, aber da er erst zwölf war, durften sie ihn zu meiner Enttäuschung nicht ins Gefängnis stecken. Ich hatte sogar extra nachgefragt. Milli konnte die Geschichte jedoch toppen und hatte damit unseren kleinen Wettbewerb gewonnen. Ihr Bruder hatte mal ein Taschenmesser gefunden, bei dem man mehrere Klingen ausklappen konnte. Eine davon war wie eine kleine Säge. Weil er sich mit seinen Freunden oft auf einem Spielplatz getroffen hatte, hatte er wahllos angefangen, Sachen anzusägen, unter anderem die Seile, an denen eine Schaukel befestigt war. Als er dann kurz darauf selbst schaukeln wollte, vergaß er seine Schandtat und flog mit einem lauten Schrei samt Schaukel vom Gerüst. Er hinterließ seinen Gesichtsabdruck im Sand. Auch dafür hatte es wohl leider kein Gefängnis gegeben.

»Hast du schon Hausaufgaben gemacht?«, fragte Milli, obwohl sie die Antwort bereits gewusst haben musste, denn ich wartete mit meinem letzten Fach immer auf ihren Anruf, damit wir uns gegenseitig helfen konnten. Heute war Mathematik übrig geblieben. Mein absolutes Hassfach.

»Ich muss noch ein paar Aufgaben mit Prozenten lösen«, antwortete ich und schlug mein Buch auf. Seite 74, Aufgaben 4 und 5, sowie Seite 75, Aufgaben 5 und 6. Im Unterricht war das Geschrei groß gewesen, weil die Aufgaben teilweise von a) bis h) reichten. Lauthals ertönte es aus unserem Klassenzimmer:

»Das Wetter ist doch so schööööööön!«
»Wir haben schon in Bio so viel auuuuuuuuf!«
»Wir schreiben morgen einen Vokabelteeeeeeest!«

Aber es half alles nichts, Frau Böhning, die eigentlich Rose hieß, aber dann geheiratet und meiner Meinung nach einem schlechten Nachnamendeal zugestimmt hatte, kannte kein Erbarmen.

Ich überlegte, ob ich Milli von Daniels Tentakelzunge erzählen sollte, von seiner Frage und meiner Lüge, dass ich sie schon geküsst hätte. Also Milli, nicht Daniels Zunge. Aber jedes Mal wenn wir uns unterhielten und das Gespräch auch nur ein bisschen Richtung Küssen, Kuscheln oder »Schlimmeres« ging, entstand eine komische Stille. Ich wusste nie, ob es an mir lag oder an Milli oder an uns beiden. Meistens endete die Ruhe damit, dass sie oder ich eine Frage zur aktuellen Hausaufgabe stellte. Die peinliche Stille wollte ich heute gern vermeiden. *Vielleicht erzähle ich Milli von Daniel, wenn ich sie mal wieder sehen kann*, entschied ich.

Ich widmete mich meiner Matheaufgabe: *Klaus vergleicht die Angebote für ein Rennrad: Angebot A: 780,00 € – 3 % Skonto. Angebot B: Anzahlung 300,00 € + 8 Monatsraten zu je 70,00 €.* Jetzt sollte ich herausfinden, welches Angebot für Klaus besser war. Mich würde viel eher interessieren, wie lange ich zu Milli bräuchte, wenn ich Klaus' Rennrad nehmen könnte – oder ob ich das ganze Geld lieber in die Bahntickets investieren sollte. Vielleicht könnten Klaus und ich ja gemeinsam in das Rennrad investieren und es dann beide nutzen?

»Hast du Lust, übernächstes Wochenende zu mir zu kommen und bei mir zu übernachten?«

Hm, Angebot A sah doch auf den ersten Blick ganz gut aus.

»Tommy?«

»Hm? Ja?« Ich erwachte aus meinen Gedanken.

»Hast du gehört, was ich gesagt habe?«

Ich zog die Augenbrauen zusammen. *Mist! Was hatte sie gerade gesagt?*

»'tschuldigung, ich war gerade bei Klaus. Was ist los?«

»Wer ist Klaus?« Sie kicherte beim Sprechen, sie war also nicht wütend, dass sie keine passende Antwort erhalten hatte.

»Ach, so ein Typ aus meiner Matheaufgabe. Er braucht meine Hilfe, weil er sich nicht für ein Fahrrad entscheiden kann.«

»Sollte jemand mit dem Namen Klaus nicht alt genug sein, um seine eigene Entscheidung zu treffen? Warum belästigt er hilflose Neuntklässler damit?«, hakte sie nach.

»Ich weiß es nicht so genau«, grübelte ich. Ob Milli wusste, dass ich auch zwei altmodische Namen hatte? Tommy ist nur mein fröhlicher Erstname. Danach wird es ein bisschen faltiger. Aber so früh in der Beziehung wollte ich noch nicht preisgeben, dass ich Ralf und Josef mit mir herumtrage.

»Und? Wozu rätst du Klaus?«

»Ich bin erst halb fertig, aber wenn Klaus eine Antwort von mir braucht, dann soll er sie auch kriegen.«

»Das ist großzügig von dir, Tommy.«

Wir schwiegen uns ein bisschen an. Ich nutzte die Zeit, um herauszufinden, dass Angebot B ein grottenschlechter Deal war.

»Und wenn *ich* eine Antwort von dir brauche?« Millis Stimme wurde ein bisschen leiser. Ich setzte mit meinem Bleistift Punkte auf die Kreuzungen der vielen Kästchen in meinem Matheheft.

»Dann kriegst du natürlich auch eine.«

»Übernächstes Wochenende habe ich nichts vor. Hast du Lust, am Freitag herzukommen und bis Sonntag bei mir zu übernachten?«, setzte Milli fort.

Mein Herz nahm Fahrt auf. Polterte wie eine Waschmaschine im Schleudergang. Wupp, wupp, wupp, wupp. Eine Übernachtung bei Milli. Nein, falsch. Nicht nur eine Übernachtung. Zwei Übernachtungen. Hintereinander. In einem fremden Haus. Bei Milli. Die ich bisher einmal gesehen habe. Auf einer Party. Für ein paar Stunden. Zwei Übernachtungen. 48 Stunden. So lange haben wir nicht mal in Summe telefoniert. Die Spitze meines Bleistiftes brach ab.

Ich nahm das Telefon vom Schreibtisch, beendete die Lautsprecherfunktion und hielt es an mein Ohr. Wie lange hatte ich jetzt nicht geantwortet? Hörte sie mich atmen? Ich atmete so viel, dass ich kaum Luft bekam. Ich musste mich konzentrieren. Also noch mal: *Klaus vergleicht die Angebote für ein Rennrad.* Quatsch, nein! Milli will, dass ich bei ihr einziehe! Für ein Wochenende zumindest. Sag was, Tommy. Geh einfach auf ihre Frage ein. Wie ein normaler Mensch. Das ist nicht schwer. Das kann sogar dein Bruder.

»Welche Tage sind das?«

Ich blätterte hektisch in meinem Mathebuch, als wäre dort ein Kalender zu finden. Ich fand natürlich keinen, nur Hunderte Seiten voller Menschen, die Hilfe bei der Lösung ihrer Geldprobleme brauchten. Klaus und sein Rennrad. Helga und ihr Handy. Herr Müller und sein Auto. Tommy und seine Beziehung. Ein Mensch ist nicht wie die anderen, kannst du ihn identifizieren?

»Freitag bis Sonntag.«

»Ich meine, also wie viele … welche Nummern stehen bei den Tagen?« Gut gedeutscht, Tommy.

»Freitag, der 20., bis Sonntag, der 22. Wenn du Lust hast.«

»Ich … ich muss mal fragen, ob mich jemand fahren kann.« Ich lächelte, um Milli zu beschwichtigen. Ich merkte selbst, dass meine Antworten nicht preisverdächtig waren. Ich merkte nicht, dass Milli mein Lächeln durch das Telefon nicht sehen konnte.

»Hast du denn Lust?«

Sie gab mir eine zweite Chance für den ersten Eindruck. »Ja. JA! Klar. Also ich würde dich echt gern wiedersehen«, platzte es aus mir heraus.

Milli schnaubte erneut ihr niedliches Kichern ins Telefon. Aus dem Hörer kam zwar bloß ein abgehacktes Rauschen, aber ich erkannte den Rhythmus ihres Lachens sofort. Mein Herz kam langsam zur Ruhe.

»Okay, dann ist gut.«

Ich konnte hören, dass sie den Kampf gegen ihr Grinsen verlor.

»Also, ich werde meinen Vater mal fragen und dann sage ich dir morgen Bescheid.«

»Ich freu mich schon!«

Ich freute mich auch. So sehr, dass ich mich kaum mehr konzentrieren konnte. Das war doch Freude, oder?

Wir verabschiedeten uns. Nach dem Auflegen starrte ich auf das Telefon. Auf dem kleinen Bildschirm war ein Schweißabdruck von meiner Schläfe. Ich wischte ihn an meinem T-Shirt ab, seufzte und legte das Telefon beiseite.

Als ich später im Bett lag, kreisten meine Gedanken. Zwei Übernachtungen bei Milli. *Zwei* Übernachtungen bei Milli. Die kleinen

Klebesterne an meiner Zimmerdecke hatten bereits einen Großteil ihrer Leuchtkraft verloren. Der digitale Wecker auf meinem Nachttisch jedoch nicht. 23:17 Uhr zeigte er an.

Zwei Übernachtungen bei Milli.

Was, wenn ich bei ihr auch nicht einschlafen konnte? Es wäre nicht das erste Mal, dass ich Schwierigkeiten damit hätte, woanders zu übernachten. Als Kind hatte ich öfter von den Eltern meiner Freunde beruhigt oder von meinen Eltern mitten in der Nacht abgeholt werden müssen. Ich schüttelte den Kopf, um die peinlichen Erinnerungen loszuwerden.

Zwei Übernachtungen bei Milli.

Erst einmal müsste ich meinen Vater fragen, ob er mich am Freitag ins achtzig Kilometer entfernte Braunschweig fahren würde, nur um mich am Sonntag wieder ins achtzig Kilometer entfernte Hannover zurückzuholen. Dabei müsste ich so selbstsicher wirken, dass er gar nicht an die Male denken könnte, die er mich nachts bei Freunden abholen musste.

Zwei Übernachtungen bei Milli.

23:18 Uhr. Die Nacht gab mir Zeit, um alles zu durchdenken. Ich hatte Schwierigkeiten, mir die Nächte in einem fremden Haus bildlich vorzustellen. Würde ich in ihrem Zimmer schlafen oder allein in einem anderen Raum? Waren in ihrem Zimmer auch solche Leuchtsterne? Teilte sie ihr Zimmer mit ihrem Bruder oder hatte sie ihr eigenes? Ich seufzte enttäuscht, weil mir klar wurde, dass ich Milli nicht zu mir einladen konnte, solange wir zu viert in einer Dreizimmerwohnung wohnten. Mit meinem Bruder direkt im Nebenzimmer würden wir null Privatsphäre bekommen. Dennis würde uns beide komplett zum Affen machen. Daniels albernes Luftgeknutsche wäre ein lächerliches Lüftchen im Vergleich zur Show, die mein Bruder hier abziehen würde. Würde ich bei Milli auf einer Gästematratze schlafen oder in ihrem Bett? Ich versuchte mir vorzustellen, ob Milli mit in mein Bett passen würde. Ich schob mich ganz an den Rand meiner Matratze und markierte mit meinen Händen, wie viel Platz ich verbrauchte. Wenn ich so lag, wie ein Soldat stramm stand, dann verbrauchte ich geschätzt dreißig bis vierzig Zentimeter. Für Milli dürften so gesehen vierzig bis dreißig Zentimeter Platz bleiben. Je nachdem, ob ich mich im Schlaf bewegen würde oder nicht. Also, entweder wir brachten uns beide den strammen Soldaten bei oder wir rollten uns so in die Decken ein, dass wir bewegungsunfähig wären.

Oder wir kuschelten. Diese Option ließ meinen Puls schneller pumpen. Was, wenn der Grund für meinen Schlafmangel bei Milli gar nicht daran liegen würde, dass ich nicht schlafen konnte, sondern daran, dass wir nicht schlafen wollten? So eine Nacht war schließlich lang, da konnte viel passieren. Um meine These zu bestätigen, schaute ich zu meinem Wecker. Noch immer 23:18 Uhr.

Zwei Übernachtungen bei Milli.

Zwei Nächte waren noch länger als eine Nacht. Wenn in einer Nacht viel passieren konnte, konnte in zwei Nächten doppelt so viel passieren. Ich konnte mir nicht vorstellen, dass Milli darauf warten würde, dass ich irgendwas anfing. Sie war so neugierig, dass sie einfach selbst Dinge versuchen würde. Wahrscheinlich würde mein Platz auf der Matratze erst einmal ein wenig schrumpfen. Vielleicht würde sie ihre kalten Füße an mir wärmen wollen, ha! Da hatte sie sich den falschen Jungen ausgesucht, meine Füße waren auch immer kalt. Vielleicht würde sie sich aber auch auf die Seite legen, um mein soldatenstrammes Profil zu mustern, während ich mir vorzustellen versuchte, wie ihre Zimmerdecke mit Klebesternen aussehen würde. Vielleicht würde sie meinen Namen flüstern, um zu schauen, ob ich schlief. Vielleicht sähe sie aber auch meine offenen Augen. Vielleicht würde sie spüren, dass mein Herz durch meinen Körper rannte. Vielleicht rannten ja unsere Herzen auch Hand in Hand.

Zwei Übernachtungen bei Milli.

»Sonst geht's euch gut, oder was?«, fragte mein Vater beim Frühstück. Er war nicht begeistert von der Idee, mich »durch die halbe

Weltgeschichte zu kutschieren«, wie er es nannte. Ich schaute auf meinen Teller. Sogar die Bärchenwurst war enttäuscht über den Ausgang des Gesprächs.

»Sie kann doch auch hier pennen!« Mein Bruder grinste mich dumm an, als hätte er etwas Schlaues gesagt. Er hatte Schokocreme an der Nase, sah nicht schön aus.

»Nicht solange ich eine Wohnung mit dir teilen muss«, antwortete ich bissig und mein Vater schaute tatsächlich kurz an die Decke. Das hieß entweder, dass er nachdachte, oder, dass hier gleich die Fetzen fliegen würden.

»Tommy, lass uns am Wochenende noch mal drüber reden, ja?«, sagte er schließlich. »Ich hab da gerade echt keinen Kopf für.«

Gesagt, aufgestanden, gegangen. Das war zwar besser als die fliegenden Fetzen, aber ich wusste direkt, was »am Wochenende« bei uns bedeutete. Bis dahin würde vergessen, was ich gefragt hatte, dann würde ein Grund gefunden, weshalb eine Entscheidung noch warten musste, und schließlich würde alles »zu kurzfristig«, um noch etwas zu unternehmen. Ich knabberte an meinem Brötchen und ignorierte meinen Bruder, der versuchte, mit seiner Zunge die Schokocreme von seiner Nase zu lecken.

In der Schule saß ich in der zweiten Reihe. Nicht so weit vorn, dass man mich für einen Streber halten könnte, aber dennoch dicht genug an der Lehrkraft, sodass mich niemand heimlich ärgern konnte. Außerdem sah man weiter hinten nicht so gut. Und der Weg zur Tür war vorne kürzer. Falls also mal ein Notfall entstehen sollte, wäre ich ratzfatz in Sicherheit. Frau Böhning, geborene Rose, ging die Namensliste durch und schaute, ob alle anwesend waren. Ich wartete ruhig ab, bis mein Name kam. Die Liste war nach Vornamen alphabetisiert, deshalb musste ich immer eine Weile warten. Wir waren erst bei D wie Daniel ... G wie Gabriel ... dann kam H wie Hannah ... und dann I wie ekelig. Ich stand natürlich bei T wie Tommy, ein bisschen hinter meinen beiden besten

Freundinnen L wie Lara und N wie Nathalie. Wir kannten uns schon seit dem Kindergarten und auch wenn wir mittlerweile nicht mehr so viel miteinander machten wie früher (weil wir ja inzwischen alle in einer frischen Beziehung waren), wussten wir, dass unsere Freundschaft für immer war. Und dass wir uns immer aufeinander verlassen konnten.

»Maximilian?« Frau Böhning schaute durch die Reihen. »Maximilian?«

Ich suchte den Platz, auf dem Max immer saß. Ich fand ihn verträumt in meine Richtung schauend. Max blickte mich direkt an. Seine Augen sagten nichts, sie wirkten wie die erloschenen Scheinwerfer eines Zuges in einer dunklen Garage. Ich lächelte ihm vorsichtig zu. Keine Reaktion. Er schaute mich direkt an, aber er sah mich nicht. Vermutlich schaute er direkt durch mich hindurch. Ich fühlte mich blöd, weil ich ihm zugelächelt hatte, obwohl sein Blick wohl nicht mir galt.

»Maximilian!« Frau Böhning wurde nun etwas lauter.

Sein Sitznachbar, der Luftknutscher-Daniel, boxte ihn an die Schulter. Max kam wieder zur Erde zurück. Er wendete seinen Blick von mir ab und schaute zu Frau Böhning.

»Guten Morgen«, sagte sie ironisch.

»Morgen«, antwortete er völlig unironisch.

»Ich weiß, dass Tommy ein bezaubernder junger Mann ist«, fuhr Frau Böhning fort, »aber für die nächsten fünfundvierzig Minuten brauche ich deine Aufmerksamkeit.«

Max nickte kurz, dann verteilte er wütende Blicke durch die Klasse. Ein paar Jungs hatten »Uuuuuh« gerufen und Knutschgeräusche gemacht. Ich sah, dass Max sich unwohl fühlte. Unsere Blicke trafen sich erneut. Für eine Sekunde schauten wir uns an, dann machte Max eine Wischbewegung in meine Richtung, als wäre ich eine nervige Fliege, die er verscheuchen wollte. Ich wendete meinen Blick wieder Frau Böhning zu.

Nachdem die Namensliste abgehakt war, wurden die Hausaufgaben verglichen. Die meisten waren sich einig, dass sie Klaus zu Angebot A raten würden. So ein Skonto war schon was Feines. Danach gab Frau Böhning wie immer ihr Bestes, uns die nächsten mathematischen Irrungen und Wirrungen näherzubringen. Ich verstand die meiste Zeit so ziemlich alles und dann plötzlich gar nichts mehr.

Auf meinem Tisch landete ein kleiner zusammengefalteter Zettel. Ich schaute zu Frau Böhning. Sie hatte nichts mitgekriegt, sie notierte gerade etwas an der Tafel. Instinktiv legte ich meine Federmappe auf den Zettel, um ihn zu verstecken. Ich schaute in die Richtung, aus der das Papiergeschoss geflogen kam. Max blickte mich direkt an. Seine Augenbrauen zuckten kurz nach oben, dann schaute er wieder zur Tafel. Sein Sitznachbar Daniel hatte nichts mitbekommen. Langsam führte ich mit meiner Hand die Federmappe zur Tischkante, bis der Zettel auf meinen Schoß fiel. Ich nahm ihn mit meiner linken Hand auf und schob die Federmappe mit der rechten zurück auf ihren Platz. Mein Blick blieb bei Frau Böhning, während ich den Zettel entfaltete. Ich wagte einen schnellen Blick nach unten – auf dem Zettel stand allerdings nichts. Verwirrt schaute ich Hilfe suchend zu Max. Der verdrehte die Augen und bedeutete mir mit einer Hand, den Zettel umzudrehen. Ach ja. Ich drehte den Zettel um. In krakeliger Schrift stand dort:

TREFFEN AUF KLO. 2 MINUTEN.

Was wollte Max von mir? Der Zettel schrumpfte in meiner Faust. Ich suchte den Blick von Max, aber der fixierte mit erhobener Hand die Tafel.

»Frau Böhning, kann ich kurz aufs Klo?«, fragte er, ohne von unserer Lehrerin aufgerufen worden zu sein.

»Ja«, antwortete sie, ohne ihren Blick von der Tafel zu wenden.

Max stand auf und verließ eilig das Klassenzimmer. Ich schaute auf die Uhr neben der Tür. 8:52 Uhr. Mein Kopf raste. Ich war doch nicht so blöd und würde Max hinterhergehen, oder? Andererseits wollte ich wissen, was los war. Ich wartete ab, bis Frau Böhning ihr

Schreiben an der Tafel beendet hatte und die nächsten Übungsaufgaben verteilte. Eine geschäftige Stille kehrte in das Zimmer ein. Kratzende Füller, quietschende Killer, ein Husten, ein Umblättern. Achtundzwanzig Menschen und die ungeteilte Aufmerksamkeit auf das Blatt Papier vor ihnen. Ich hob meinen Arm. Niemand sah mich, niemand hörte mich, niemand reagierte. Ich nahm meinen Arm langsam wieder herunter. Normalerweise räusperte ich mich vorsichtig, wenn die Lehrkraft mich nicht sah. Wenn ich mich ganz wild fühlte, schnipste ich sogar. Diesmal stand ich einfach auf und begab mich zum Pult. Mein Puls raste. Ich zwang meine Stimme, ruhig zu bleiben.

»Entschuldigung, Frau Böhning, könnte ich ausnahmsweise auch schnell aufs Klo? Ich hatte zum Frühstück zu viel Tee.«

Frau Böhning musterte mich und seufzte. »Ausnahmsweise«, sagte sie augenrollend. Ob sie wohl ahnte, dass ich mich mit Max treffen wollte?

Ich ging eiligen Schrittes zum Ausgang. Noch ehe ich das stickige Klassenzimmer verlassen konnte, stieß ich mit meinem Fuß gegen den Besen, der direkt neben der Tür stand, und riss ihn scheppernd zu Boden. Alle schauten mich an. Achtundzwanzig Menschen plus Frau Böhning. Vorsichtig schob ich den Besen mit meinem Fuß zur Seite und schritt peinlich berührt durch die Tür, überquerte den Flur und stand vor dem Jungsklo. Ich überlegte, wie ich hineingehen sollte. Schnell oder langsam? Sollte ich vorsichtig fragen, was los war, oder selbstbewusst Antworten einfordern? Ich nahm mir vor, erst einmal durch die erste Tür zu gehen, die mich in den Vorraum mit den beiden Waschbecken führte. Hinter der zweiten Tür befanden sich dann die WCs. Ich hatte also zwischen den Türen noch genug Zeit, um mir zu überlegen, wie ich wirken wollte. Ich atmete durch, öffnete Tür eins und betrat den Vorraum. Max lehnte lässig an einem Waschbecken und schaute mich mit verschränkten Armen an.

»Was machst du übernächstes Wochenende?«, fragte er sofort.

»Hm?« Ich schaute ihn verdutzt und überfragt an.

»Übernächstes Wochenende. Zwanzigster. Freitag. Was machst du da?«, entgegnete er genervt.

Da hatte Milli mich eingeladen. »Wieso?«

»Ich feier in meinen sechzehnten Geburtstag rein. Ist 'ne Party mit Übernachtung. Wär cool, wenn du kommst«, erwähnte er fast schon beiläufig, während er sich zum Spiegel drehte, um seine Haare zu begutachten.

Was zur Hölle war hier los!? Max hatte bis jetzt noch nie wirklich ein Wort mit mir gewechselt und jetzt sollte ich zu seiner Party?

»Ja oder nein?«, bohrte er nach und schaute mich durch den Spiegel eindringlich an.

»Ja, gern«, stammelte ich.

»Gut.« Max ging an mir vorbei zur Tür, die zurück auf den Flur führte. Ich folgte ihm, bis er plötzlich stehen blieb und mich mit seiner Hand zurückschob.

»Du bleibst noch kurz hier.« Sein Befehlston ließ mir einen Schauer über den Rücken laufen. Seine warme Hand lag kurz auf meiner Brust, um mich am Rausgehen zu hindern. Er hatte wieder diesen Lokomotive-im-Dunkeln-Blick. Ob er wohl mein Herz spüren konnte? Es schlug wie wild. Die Situation war einfach zu seltsam.

»Okay«, flüsterte ich.

Max ließ mich allein. Ich versuchte, diese neuen Informationen zu verarbeiten. Ich hatte keinen Plan, was passiert war, aber ich war auf einmal auf eine coole Party eingeladen. Und ich hatte zugesagt, ohne lange darüber nachzudenken. Ohne eine Pro-und-Kontra-Liste anzufertigen und ohne eine Nacht drüber zu schlafen. Einfach zugesagt. Die coole Party vor das Wiedersehen mit Milli gestellt. Vor meinen ersten Kuss.

Am Abend erfuhr ich die ganze Wahrheit: Ja, ich war nach wie vor auf die coole Party eingeladen, aber nur, weil Max wollte, dass L wie Lara und N wie Nathalie auf seine Feier kommen konnten. Die beiden hatte er nämlich ganz offiziell vor ein paar Tagen eingeladen und ihre Eltern hatten eine »Ja, aber«-Antwort gegeben, die mein Leben verändern sollte. »Ja, Lara und Nathalie dürfen auf die

Party und dort übernachten, ABER NUR, wenn Tommy dabei ist.«
Als Freund, als Begleiter, als Aufpasser. Deshalb mussten die beiden Max sagen, dass sie nur unter dieser einen Bedingung teilnehmen konnten. Deshalb hatte mich Max im Unterricht gemustert und hatte abgewogen, ob ich es denn wert war, eingeladen zu werden. Deshalb hatte ich nun eine Einladung zu einer Übernachtungsparty. Irgendwie kränkte es mich, dass ich nur eine Bedingung war und ich nicht aufgrund meiner Person eingeladen wurde. Auf der anderen Seite sagte ich mir: »Dabei sein ist alles. Egal, wie man eingeladen wurde.« Ich musste mit Milli reden, ihr sagen, dass ich nun etwas anderes vorhatte und leider nicht zum Übernachtungswochenende zu ihr kommen konnte.

»Neeeeiiiin, ist doch super!«, rief Milli in den Hörer.

Es war 19:09 Uhr, ich hatte ein paar Minuten gebraucht, um zu dem Thema überzuleiten. Ich lächelte als Reaktion auf Millis Antwort, war mir aber noch nicht sicher, ob sie die wirklich wahre Wahrheit sagte oder ob sie mir bloß nichts verbieten wollte.

»Ist doch super«, wiederholte sie nach einer kurzen Pause, weil ich nicht antwortete. Ich konnte hören, dass sie lächelte.

»Eigentlich bin ich gar nicht eingeladen. Nur so nachträglich«, antwortete ich. Irgendwie hatte ich das Gefühl, dass ich die Einladung uncooler machen musste, um Millis Gefühle zu schonen. Als wäre sie verletzt, wenn ich mich über die Einladung freuen würde.

»Einladung ist Einladung«, sagte sie bestimmt. Das munterte mich auf. »Du wurdest von dem Gastgeber und Geburtstagskind höchstpersönlich eingeladen, oder nicht?

»Doch, ja. Max.«

»Na siehst du. Das ist dann eine ganz offizielle Einladung. Außerdem haben wir uns so dann beim nächsten Treffen viiiieeel mehr zu erzählen!«

Zwanzigster. Freitag. Abend. Lara, Nathalie und ich standen in Laras Badezimmer und begutachteten einander für eine ganze Weile.

Meine besten Freundinnen halfen sich gegenseitig mit ihren Lidschatten und ich entschied wie ein römischer Imperator mit meinem Daumen über das Endergebnis. Natürlich kannte ich mich nicht sonderlich mit dem ganzen Kosmetikkram aus, aber ich merkte, dass der Anblick meiner geschminkten Freundinnen *etwas* in mir auslöste. Deshalb befand ich das Ergebnis für gut. Was dieses *Etwas* genau war, wusste ich nicht, aber ich fühlte schon den ganzen Tag etwas, mal Vorfreude, mal Verwirrung, mal Verzweiflung. Ich war noch nie auf so eine große Übernachtungsparty eingeladen worden. Meine Geburtstagsfeiern fanden stets am Nachmittag statt und endeten um neunzehn Uhr. Da würde Max' Feier gerade erst eine Stunde alt sein.

Den ganzen Tag über konnte ich die Stimme in meinem Kopf ausschalten, die normalerweise bei Übernachtungen in der Fremde einen ganzen Fragebogen ausgefüllt haben wollte. Aber je näher wir zeitlich dem Beginn der Party kamen, desto lauter wurde die Stimme. Zwei Minuten vor dem Öffnen der Türen und Tore bei Max standen wir noch immer bei Lara daheim und debattierten über das richtige Outfit und ob Ballerinas in Beige nicht zu jedem Outfit passen müssten. Als mir auffiel, dass wir die Zeit vergessen hatten, zeigte ich den beiden meine Uhr. »Wir kommen zu spät!«

Lara und Nathalie kicherten ein wenig. »Man darf niemals der erste Gast auf einer Party sein«, belehrte mich Nathalie.

»Schon gar nicht, wenn man einer der Stargäste ist. Niemand kommt direkt zum Beginn«, ergänzte Lara lachend. »Ein bis zwei Stunden später taucht man dort erst auf«, hängte sie noch hinterher. Die beiden waren schon auf mehr Feiern und Partys gewesen, als ich Geburtstage in meinem Leben hatte. Sie hatten vermutlich recht. Nur stellte sich mir die Frage, warum man sich dann die Mühe machte, eine Uhrzeit auf die Einladungskarte zu schreiben, wenn sich am Ende ja sowieso keiner dran hielt. »Die Party beginnt um achtzehn Uhr und mit achtzehn Uhr meine ich zwanzig Uhr«, müsste meiner Meinung nach dann auf den Karten stehen, damit auch jemand wie ich wusste, woran er war.

Zu meinen *Etwas*-Gefühlen gesellte sich somit auch noch eine gewisse Unruhe, denn ich konnte es noch nie ausstehen, unpünktlich zu sein. Als wir drei schließlich mit den Vorbereitungen fertig waren und alle notwendigen Sachen für die Übernachtung zusammengesammelt hatten (Isomatte, Schlafsack, Pyjama, Hygienetasche, Notfallkärtchen mit allen wichtigen Telefonnummern), eilten wir trampelnd die Treppe hinunter und rannten ins Wohnzimmer, um Laras Eltern zu sagen, dass wir startklar waren.

Dreiundzwanzig Minuten später hielt der alte Sportwagen von Laras Mutter vor dem Haus von Max' Familie. Wir kamen ganze sechsundfünfzig Minuten zu spät. Ich beobachtete das Haus, während Lara versuchte, ihrer Mama klarzumachen, dass sie nicht beim Tragen der Matten und Schlafsäcke helfen musste.

Zwei Minuten später stolzierten Lara und Nathalie mit sicheren Schritten die Auffahrt entlang und wurden von mir verfolgt. Die Musik und das Treiben in dem Haus waren bereits deutlich auf der Hofeinfahrt zu hören. Wir kamen zu einer kleinen Pforte, ließen die zur Garage führende Auffahrt links von uns und betraten den Vorgarten von Max' Übernachtungsparty. Ich wollte, dass wir noch nicht klingelten, dass wir noch kurz ein bisschen unter uns waren, bevor wir das mit Menschen, Lärm und Unordnung gefüllte Haus betraten. Ich wollte, dass wir uns gegenseitig das Versprechen abnahmen, die Party gemeinsam zu verbringen und uns nicht aufzuteilen. Doch Lara drückte bereits den runden Klingelknopf neben der Tür und zupfte ihre Klamotten ein letztes Mal zurecht. Schnell stellte ich mich schnurgerade hin. Ich achtete auf meine Atmung, zuckte kurz, als sich die Tür ruckartig öffnete, und wurde von Nathalie in das abgedunkelte Haus gezogen.

Max hatte über vierzig Leute eingeladen. Manche waren sogar aus dem Jahrgang über uns, andere hatte ich noch nie zuvor gesehen. Es war mit Abstand die größte Geburtstagsfeier, auf der ich je war. Das Erdgeschoss des Hauses vibrierte vor ausgelassener Stimmung, die Gäste wuselten wild durch die Wohnräume. Es gab Getanze, Getränke, Gelächter, Geschrei überall. Rihanna forderte uns in »Pon de Replay« auf, den Bass durch unsere Schuhe ziehen zu lassen. Ich hatte Lara und Nathalie nach einer halben Stunde verloren, ging in die Küche und schaute mir das Büfett an. Hotdogs in allen Größen und Variationen, Salate, Brote, Obst, Käsespieße, ganze Schüsseln mit Süßigkeiten. Max' Eltern hatten richtig aufgefahren. Ich bediente mich an dem Büfett und füllte mein Glas mit Limonade. Das prickelnde Getränk lief meinen Hals wie ein kalter Schauer hinunter. Mit Essen und Getränken versuchte ich über den Fakt hinwegzutäuschen, dass ich mal wieder allein war. Ich wollte gerade einen der kleinen Mini-Hotdogs probieren, als ich plötzlich von hinten geschubst wurde.

»Was machst *du* denn hier?!« Daniel schrie mich an, sein Gesicht sah aus wie eine nasse Tomate.

»Max hat mich eingeladen«, sagte ich, als wäre es das Normalste der Welt. Als wären Max und ich beste Freunde und als würden wir ständig miteinander abhängen. Daniel musterte mich und zog seine Augenbrauen hoch.

»Vermutlich nur, weil Lara und Nathalie auch eingeladen sind«, relativierte ich meine Einladung.

Daniel holte Luft. Trotz Musik und Geschrei im Haus konnte er sich problemlos verständlich machen. Er musste sich beim Sprechen nicht so doll anstrengen wie ich. Das lag vermutlich daran, dass seine Stimme so viel tiefer war als meine. Bei Daniel hatte ich immer das Gefühl, dass er seinen Stimmbruch schon im Kindergarten gehabt haben musste, denn ich kannte ihn nur mit tiefer Stimme. Ich hingegen klang noch immer so, als hätte sich ein Chipmunk an einem Heliumballon verschluckt.

»Ist Lara deine Freundin?«, unterbrach Daniel meine Gedanken.

»Nein, sie ist *eine* Freundin. *Meine* Freundin wohnt woanders«, gab ich schnell von mir.

»Du hast eine Freundin, aber du gehst mit Lara und Nathalie auf eine Party!« Verdutzt schaute mich Daniel an. Ich nickte bestätigend. Daniel nickte beeindruckt zurück. Ich zuckte die Schultern, weil ich keine Ahnung hatte, was er mir damit sagen wollte. Daniel grinste mich an. »Respekt, Alter.« Er klopfte mir auf die Schulter. »Cool, dass du da bist!«

Ich war überrumpelt. Irgendwie hatte ich nicht damit gerechnet, dass von allen Leuten auf dieser Feier Daniel mein Verbündeter wäre. War Verbündeter überhaupt das richtige Wort? Ich wollte mich bedanken und irgendetwas Cooles von mir geben, aber er war schon wieder zurück in das Gewusel gesprungen. Vermutlich wäre mir auch nichts Cooles eingefallen, was ich erwidern hätte können. Ich war nie sonderlich schlagfertig. Oft fiel mir erst am Abend unter der Dusche ein, was ich hätte eigentlich sagen sollen.

Ich bemerkte, dass ein Mini-Hotdog von meinem Teller gerutscht war und nun traurig und halb zertreten auf dem Boden zwischen einem Pappbecher und einer Luftschlange lag. Wahrscheinlich war das passiert, als Daniel mich geschubst hatte. Ich sammelte das Essen vom Boden auf, suchte in den flachen Einbauschränken den Müll und entsorgte die Reste. Ich entdeckte neben dem Mülleimer ein Reinigungsmittel für harte Flächen, besprühte die betroffenen Küchenfliesen und wischte sie blitzeblank.

Als ich mich wieder aufrichtete, stand Nathalie vor mir. »Was machst du denn da?«

Ich erklärte ihr mein Missgeschick und hoffte, dass sie mich damit nicht noch ewig aufziehen würde. In Nathalies Augen war ich der ordnungsliebendste und sauberste Mensch, den es gab. Dass es noch kein Haushaltsgerät mit meinem Namen gab, war für sie immer ein Rätsel.

Nathalie lachte ihr herrliches grunzendes Lachen, nahm mir den Lappen aus der Hand, pfefferte ihn Richtung Waschbecken und zog mich mit den Worten »Oh Mann, du wieder« aus der Küche.

Im überfüllten Wohnzimmer mit DJ-Pult und Tanzfläche angekommen, drehte sie sich zu mir und zischte mir leise ins Ohr: »Wir brauchen deine Hilfe, Tommy. Du musst mit uns tanzen, damit die anderen ein bisschen Abstand halten.«

Nathalie bahnte uns einen Weg durch die Leute, bis wir bei Lara landeten. Um sie herum hatte sich eine Gruppe aus sechs Jungs gebildet, die meisten waren aus dem Jahrgang über uns. Der Einzige, den ich näher kannte, war der Gastgeber höchstpersönlich. Wir sahen uns jetzt zum ersten Mal an diesem Abend.

»Guckt mal, wen ich hier haaabeee«, trällerte Nathalie.

Lara jubelte, ein paar nickten freundlich, andere schauten durch mich hindurch und suchten hinter mir nach einem Stargast oder einer bekannten Person, Max' Blick schraubte sich in meine Augen. Ich lächelte ihn verlegen an. Keine Ahnung, wie ich auf ihn reagieren sollte, schließlich wusste ich ja nun, warum ich eigentlich hier war. Lara und Nathalie nahmen mich in ihre Mitte und tanzten mit mir, während sie die anderen förmlich wegtanzten. Ich versuchte, die Blicke der anderen zu ignorieren, die sich abwechselnd an meinen Rücken, meine Brust, meinen Hinterkopf oder mein Gesicht klammerten, und konzentrierte mich ganz auf die geschlossenen Augen meiner fröhlichen Freundinnen. Außenstehende hätten in dem Moment denken können, dass ich der totale Womanizer war, da ich hier ganz offensichtlich mit zwei Mädchen gleichzeitig aufschlug.

Die Musik war auf der Tanzfläche nicht nur zu hören, sie war zu spüren. Mein ganzer Körper bebte. Meine Lunge vibrierte. Musik ist, wie ich wusste, nichts als Wellen in der Luft. Wenn man diese Wellen jedoch zum ersten Mal auf der Haut fühlen konnte, dann spülten sie alle Sorgen aus dem Kopf. Ich dachte an gar nichts mehr. Da war nur noch Musik. Wir drei tanzten mal ausgelassen springend, mal eng umschlungen, mal sangen wir lauthals mit, dann wieder versuchten wir, uns mit bescheuerten Bewegungen gegenseitig zum Lachen zu bringen.

Nach gefühlten Stunden von ausgelassenem Rumgehopse, das ich nur genoss, weil ich meinen Freundinnen damit eine Freude machte, glitt ich erneut in die Küche. Ich nahm mir ein neues Getränk und bekam mit, dass im Esszimmer ein Sitzkreis entstanden war. Max und Daniel saßen mit ein paar anderen auf dem Boden und spielten Flaschendrehen. Ich stellte mich mit meinem Getränk etwa anderthalb Meter entfernt an die Seite und beobachtete das Spiel. Offenbar musste Daniel gerade mit einem der Mädchen sein Oberteil tauschen. Als er seine Schweißnase aus dem Kopfloch streckte, stieß er auf meinen Blick und winkte mich dazu. Die Leute rutschten ein wenig zur Seite und machten eine Lücke für mich frei. Wie in Trance machte ich mich, ohne zu überlegen, auf den Weg zum Sitzkreis. Ich kniete mich zwischen Robin und Barbara aus der Parallelklasse. Mit Barbara war ich mal in der Theater-AG, damals wollte sie nur Babsy genannt werden, weil einer ihrer Lieblingscharaktere aus einer amerikanischen Serie wohl so hieß. Aber mehr wusste ich nicht über sie. Mit Robin hatte ich noch weniger zu tun. Er gehörte zu den coolen Jungs und ich eben nicht. Er hatte die außergewöhnliche Fähigkeit, dass man ihn nicht unsympathisch finden konnte, obwohl er so unnahbar wirkte. Alle wollten mit ihm befreundet sein und genossen es, Zeit mit ihm zu verbringen. Nett von ihm, dass er Platz für mich machte, damit ich mich dazusetzen konnte.

Runde um Runde drehte sich die Flasche, landete auf einer oder einem Unglücklichen, gab die Richtung vor, in die sich das Gelächter entlud, zeigte an, wer die Wahrheit sagen oder eine Pflicht einlösen musste. Nach und nach lernte ich die Menschen um mich herum ein bisschen kennen. Daniel, seiner scheinbar rücksichtslosen Persönlichkeit zum Trotz, besuchte regelmäßig die Senioren in seiner Straße, um ihnen Gesellschaft zu leisten (und Kuchen zu essen). Barbara wollte noch immer Babsy genannt werden und war in der Theater-AG ein bisschen in unseren Lehrer Herrn Rüdiger verknallt gewesen. Robin behauptete unerschütterlich, dass er mit zwölf sein erstes Mal gehabt hatte. Niemand glaubte ihm. Paul war Max' ältester Kindheitsfreund und wusste jetzt schon, dass er nach der Schule zum Militär wollte. Sophia wählte lieber Pflicht, als der Runde eine wahre Antwort zu schulden, und sollte nun jemandem auf der Tanzfläche die Hose runterziehen. Erst sah es so aus, als würde sie zu Lara gehen, und ich war schon halb auf den Beinen, um meiner Freundin beizustehen, als sich Sophia dann doch für einen Jungen aus der Stufe über uns entschied. Mutig. Ich ging wieder in die Knie und spürte erneut Max' Blick an mir kleben. Er war an der Reihe, die Flasche zu drehen, und sagte mit sanfter Stimme: »Die Person, auf die der Flaschenkopf zeigt, muss Tommy auf den Mund küssen.«

All meine Lebensenergie schoss in mein Herz und trieb es an wie einen Rasenmäher. Ich schaute Max an, der mich schief angrinste, und sah meinen Mitspielenden der Reihe nach in die Gesichter. Alle schienen die Idee zum Schreien zu finden. Daniel besonders. Ich wollte protestieren, aber Max drehte die Flasche mit einem kräftigen Ruck an, ohne dass ich zu Wort kam. Sie rotierte mit einem lauten Rauschen auf dem Fußboden. Die Hektik der Flasche wurde nur von meinem Puls übertroffen. Alle folgten gebannt dem Flaschenhals, der Runde um Runde drehte und seine Geschwindigkeit scheinbar nicht verlangsamen wollte. Ich ging schnell im Kopf durch, wen ich potenziell küssen müsste, und setzte eine Reihenfolge fest, wen zu küssen mir am unliebsten und am wenigsten unlieb wäre. Mit Babsy hatte ich bei einer Theaterprobe mal ein Paar gespielt, das würde ich sicher noch mal hinbekommen. Sophia dürfte mich nicht mal küssen, um mich von den Toten aufzuwecken, denn von allen in der Runde empfand ich sie als am nervigsten und hochnäsigsten. An Daniels schwammnassen Mund wollte ich gar nicht erst denken. Die Flasche wurde langsamer. Moment. Ich hatte doch noch gar nicht alle Menschen der Runde in meine Küssliste eingetragen. Es fehlten noch sieben Stück. Die Flasche kreiste in Zeitlupe und kam zwischen Max und Daniel zum Stehen. Tendenziell eher bei Max, allerdings zog dieser ganz vorsichtig sein linkes Bein zur Seite.

»Das brennt«, sagte Max schnell und drehte erneut, diesmal mit nur halber Kraft. Niemand protestierte, war ja sein Geburtstag. Alle beugten sich ein Stück vor, um die Flasche besser sehen zu können. Sie wurde erneut langsamer und langsamer, begann ihre letzte Umdrehung und beendete ihre Reise um sich selbst schließlich bei Robin. Ich schaute zu ihm. Robin. Er vergrub sein Gesicht in den Händen. Alle anderen lachten. Ich schluckte.

»Ach du Scheiiiiißeeeeee«, schrie Daniel.

»Na los, mach aus ihm 'ne echte Frau«, grölte Sophia und schlug Robin dabei auf den Rücken. Max lehnte sich selbstzufrieden zurück. Ich hatte keine Ahnung, wie ich reagieren sollte, und grinste ein bisschen durch die Gegend, kam mir dabei schnell albern vor und wurde wieder ernst. Ich setzte meinen Becher zum Trinken an, obwohl ich wusste, dass er schon lange leer war. Wenigstens konnte ich für ein paar Sekunden niemanden sehen. Ein paar Tropfen, die sich an der Becherwand festgeklammert hatten, liefen langsam zu mir. Ich bereute es in dem Moment zutiefst, nicht bei Milli zu sein.

»Na los jetzt«, hörte ich einen genervten Robin sagen. Ich senkte den Becher von meinem Gesicht und realisierte, dass er bereits vor mir kniete. Mein Herz versuchte, sich durch meinen Brustkorb durchzuboxen. Robin lehnte sich vor, das Licht ging aus, ich spürte einen sanften Druck auf meinem Mund, leicht geöffnet, eine spitze Zunge gesellte sich für den Bruchteil einer Sekunde zwischen meine Lippen und schickte ein Kribbeln über mein Gesicht durch meinen ganzen Körper wie eine Rohrpost. Ich spürte einen Druck im Nacken, Robins Hand. Das Gelächter des Publikums war so laut wie bei einem lustigen Film im Kino, das Licht ging wieder an, Robin entfernte sich von mir, ging zurück auf seinen Platz und wischte sich mit dem Handrücken langsam den Mund ab, während er mit mir Augenkontakt hielt. Nicht nur der Sitzkreis, auch viele Umstehende schauten uns an und grinsten vor sich hin.

»Hattest du deine Augen geschlossen?«, fragte Max völlig perplex.

Ich erschrak. Ich wusste es nicht, möglich war es, vielleicht war es deshalb so dunkel, alles ging so schnell. *War das eigentlich fremdgehen, wenn man auf einer Party bei einem Spiel jemanden küsste?*, fragte ich mich. *Hätte ich dabei an Milli denken müssen? Hätte ich sie vorher um Erlaubnis bitten müssen?*

*Und warum eigentlich wollte ich insgeheim,
dass Robin das noch mal machte?*

Um 2:17 Uhr lag ich soldatenstramm zwischen Lara und Nathalie im Wohnzimmer in meinem Schlafsack und starrte an die Decke. Die Lichter waren aus, die Musik war lange verstummt, alle hatten irgendwie irgendwo einen Schlafplatz gefunden. Ich lag parallel zum Sofa in dritter Reihe, mit dem Kopf Richtung Wand. Über mir war ein Fenster zum Garten hinaus, auf dem Fenstersims standen zwei Vasen mit frischen Schnittblumen. Ursprünglich standen dort drei Vasen mit frischen Schnittblumen, aber bei Partys passierten ja oft so Sachen, bei denen was kaputtging. Normalerweise liebte ich den Duft von Blumen. Aber heute hinderte mich der intensive Geruch der Pflanzen am Einschlafen. Atmete ich durch die Nase, fanden gefühlt nur Geruchspartikel, aber kein Sauerstoff den Weg zu meiner Lunge. Atmete ich durch den Mund, hatte ich einen blumigen Pelzgeschmack auf der Zunge. Mein ganzer Körper fühlte sich taub an, die einzige Stelle, die ich noch spürte, war der kleine Punkt, an dem Robins Zunge durch meine Lippen gehuscht war. »Erst wenn man sich küsst, ist man in einer richtigen Beziehung«, hatte Daniel doch gemeint. Gut, ich hatte schon tiefgründigere Sprüche auf den Tassen unserer Schulsekretärin gelesen, aber was war, wenn sich jeder Kuss so anfühlte wie der mit Robin? Ob es ihm auch so gefallen hatte? Robin und ich hatten etwas gemeinsam erlebt, das so besonders war, dass ich mit ihm jetzt einfach durch eine geheime Tür in einer neuen Welt gelandet war. Einer Welt, von der Milli noch nichts wusste. Einer Welt mit toller Aussicht über alles, was ich bisher kennengelernt hatte. Allerdings auch einer Welt, in der man sich mit einem neuen Gefühl beschäftigen musste. Einem Gefühl, das meinem Magen eine Karussellfahrt verpasste.

Milli hatte recht. Beim nächsten Treffen würden wir uns viel zu erzählen haben.

ERKENNTNIS

Du kennst das, du wachst morgens auf und bist dir plötzlich gar nicht mehr sicher, was du fühlst. Jungs mögen Blau, Mädchen mögen Rosa. So wird es einem nicht nur von der Werbeindustrie eingetrichtert, so hat es auch Oma immer gesagt. Und was Oma sagt, stimmt schließlich immer. Aber was ist mit den Jungs, die Gelb und Grün am liebsten mögen? Macht es sie weniger zu Jungs als die, die auf Blau abfahren? Macht es einen weniger zu einem Jungen, wenn man lieber puzzelt, anstatt im Dreck zu spielen? Und macht es einen weniger zu einem Jungen, wenn man beim Flaschendrehen auf dem Geburtstag eines Klassenkameraden einen anderen Jungen küsst und danach viel zu lange darüber nachdenkt? War *ich* weniger Junge?

Warum waren ausgerechnet dies die einzigen Gedanken, die ich im Kopf hatte, sobald ich an Milli dachte? Es waren Wochen vergangen nach meinem Kuss mit Robin und es bereitete mir nach wie vor ein flaues Gefühl im Magen, wenn ich daran dachte, wie seine Lippen meine berührt hatten. Wenn ich mir vorstellte, wie er meinen Hinterkopf beim Küssen gehalten hatte, bekam ich noch immer eine Gänsehaut. Es hatte sich schön angefühlt, gehalten zu werden. Wie wohl der erste Kuss mit Milli werden würde? Ich war richtig aufgeregt, meiner Freundin so einen Kuss zu geben, wie ich ihn bekommen hatte. Es würde sie vom Hocker hauen, da war ich mir sicher. Sie würde sich danach fühlen wie ich jetzt in diesem Moment: Im siebten Himmel! Ach, was redete ich: Im hundertsten Himmel! Was hatte sie für ein Glück mit mir als überaus erfahrenem Küsser.

Da ich nicht schwul war, wusste ich, dass es nicht Robin war, der mich jetzt im Nachhinein reizte, sondern ausschließlich der Kuss. Das war es, was ich mit Milli, mit meiner Freundin, erleben und teilen wollte. Da Milli auch noch nie jemanden geküsst hatte, fand ich, war es nur fair, dass ich ihr nichts von der unbedeutenden Pflicht beim Flaschendrehen erzählt hatte. Meine Kehle schnürte sich erneut zu. Robin hatte mich geküsst. Der Robin, den alle in der

Klasse toll fanden. Mädchen standen auf ihn, Jungs wollten sein wie er und Eltern wünschten ihn sich sicher als Schwiegersohn. Ich schloss die Augen, holte tief Luft und mein Herz machte schon wieder einen Hüpfer. Robin hatte mich geküsst. Was war, wenn die Pflichtaufgabe auf der nächsten Party weiter gehen würde als nur ein Kuss? Vielleicht würde mehr passieren. Wäre ich dafür eigentlich bereit? Wären wir das erste schwule Paar an der Schule?

Stopp! Nicht nur driftete das Ganze hier gerade in eine schmalzige und hoffnungslos schmierig-romantische Richtung ab, sondern ich dachte schon wieder an Robin und seine weichen Lippen. Ich war doch nicht verliebt! Also, verliebt war ich schon. In Milli! Meine Freundin. Aber doch nicht in … du weißt schon. In *ihn*, dessen Namen ich jetzt nicht einmal mehr denken wollte. Fängt mit R an und hört mit obin auf. Als ob man sich nach nur einem Kuss verlieben konnte – und dann noch in einen Typen, obwohl man doch selbst hetero und vergeben war. Das war ja lächerlich. Ich musste diesem Spuk ein Ende bereiten.

Ein Kuss mit Milli würde mich wieder erden und mir selbst beweisen, dass ich nicht schwul war, redete ich mir gut zu. Schwul … wie das schon klang. Ich musste mich einfach auf andere Gedanken bringen.

In der Schule ging ich seit der Feier allen aus dem Weg, die ebenfalls auf dem Geburtstag gewesen waren. In den Pausen und Freistunden stürzte ich mich auf die anstehenden Prüfungen, büffelte wie ein Wilder und schrieb mir Lernzettel. Dass meine Freunde mein Verhalten nicht für normal hielten, hätte mir klar sein können, aber ich hatte eben andere Dinge im Kopf.

Es war Freitag. Heute Abend würde mich mein Vater zu Milli fahren. Ich würde das Wochenende bei ihr verbringen. Diesmal wirklich. Und ich würde sie küssen. Doch aktuell kämpfte ich noch mit dem Unterrichtsmaterial der letzten Stunde. Mit einem »Kannst du mir bitte erklären, was los ist?« wurde ich allerdings abrupt aus meiner

Konzentration gerissen. Vor mir stand meine beste Freundin Nathalie. Mit großen Augen schaute sie mich an. Auf ihrer Stirn bildete sich eine Sorgenfalte und ihre Schultern hingen traurig an ihrem Körper herunter. *Wenn sie diese Haltung beibehält, kann sie sich mit Anfang dreißig von ihrer Nackenmuskulatur verabschieden*, dachte ich unvermittelt. Aber das wollte ich ihr ein anderes Mal sagen. Verdammt, sie dachte sicher, dass mein Verhalten etwas mit ihr zu tun hatte. Dass ich die Freundschaft beenden wollte oder so.

»Wenn ich dir sagen würde, dass alles gut ist, würde ich lügen«, sagte ich sanft, während ich mein Buch zuklappte.

»Du kannst mit mir über alles reden, das weißt du, oder?«, fragte sie. Nathalie legte ihren Arm auf meine Schulter.

»Ich weiß, ich weiß. Es ist nur ...« Lügen konnte ich noch nie gut. Die Wahrheit sagen kam allerdings auch nicht infrage. Die kannte ich außerdem selbst nicht mal. Was sollte ich schon sagen? »Du, ich hab nach der Feier an nichts anderes mehr denken können als daran, Robin zu küssen« würde total dumm klingen und vermutlich dafür sorgen, dass Nathalie noch mehr mit mir darüber reden wollen würde. So käme ich ganz sicher nicht auf andere Gedanken und müsste mich noch mehr mit der Feier, dem Flaschendrehen, dem Kuss mit Robin und meinen Chaosgefühlen beschäftigen.

Ich schaute ihr lange in die Augen. Ablenkung war das Einzige, was helfen würde. »Ich hab einfach Schiss, dass ich die Prüfungen verhaue und dafür wieder Ärger bekomme«, sagte ich besorgt, wandte meinen Blick von ihr ab und schaute auf meine Hände.

Auch wenn dies nicht der Grund für mein Verhalten war, war an diesem Fakt absolut nichts gelogen, denn Hausarrest für schlechte Noten war keine Seltenheit bei uns daheim. Zwar war ich kein wahnsinnig schlechter Schüler, aber der beste war ich mit Abstand auch nicht. Ich versuchte mich stets im Mittelfeld zu halten, denn weder wollte ich der Loser ohne Hausaufgaben sein, der kurz vor dem Durchrasseln stand, so wie Eugen aus meiner Klasse, noch wollte ich wie der Streber Niklas sein, der zu jeder Frage eine Antwort parat hatte und auch sonst immer am Klugscheißen war.

Verständnisvoll nickte Nathalie mir zu und drehte sich um. »Wenn du mich brauchst, ich bin für dich da!«, sagte sie im Weggehen. Ob sie meine Ausrede geschluckt hatte oder nicht, war mir erst mal egal, denn ich hatte mir nun zumindest etwas Zeit gekauft. Wichtig war nämlich nur, dass ich mich jetzt wieder den Prüfungen widmen konnte, um am Wochenende bei Milli nicht lernen zu müssen. Ich war ehrlich aufgeregt und voller Vorfreude, Milli endlich wiederzusehen.

Mein Vater fuhr zwar immer recht schnell und nahm es auch mit rot werdenden Ampeln nicht ganz so genau, aber dieses Mal hatte ich das Gefühl, dass die Fahrt wie im Flug verging, so als könnte er es nicht abwarten, seine Söhne ein Wochenende lang nicht bei sich haben zu müssen. Ja, richtig, *Söhne*! Die Bedingung für meinen Besuch bei Milli war gewesen, dass mein Bruder mitkommen durfte. Nach einigem Sträuben hatte ich eingesehen: Es war ein vertretbares Übel, wenn man bedachte, wie lange ich meine Freundin nicht mehr gesehen hatte. Die Jugenddisco wirkte in meinem Kopf so lange her, als wäre sie ein Schatten eines Traumes, der Jahrzehnte zurücklag – und nun hatten Milli und ich die Möglichkeit, die Zeit von Freitag bis Sonntag zusammen zu verbringen.

»Wir sind da!«, sagte mein Vater, während er ungeduldig nach hinten ins Auto zu mir blickte. Ich schaute zu meinem Bruder, doch sein Sitz war leer. Er stand bereits mit seinem Koffer vor dem Tor, das zum Haus zu gehören schien. »Nummer 7a«, stand in schnörkeliger Handschrift auf einem an die Wand genagelten Tonteller neben der Einfahrt über dem Nachnamen von Milli. Zwischen den Hecken konnte ich einen Blick auf das hübsche verträumte Häuschen erhaschen, das direkt am Stadtrand lag. Es war nicht pompös oder übertrieben nobel, aber deutlich größer und schicker als die Häuser ringsherum.

»Ich hole euch Sonntag nach dem Mittagessen wieder ab«, hörte ich meinen Vater noch sagen, als ich den Kofferraum mit einem kraftvollen Schwung zuschlug und mich mit meiner Tasche zu meinem Bruder stellte und das Haus anstarrte. Hinter uns entfernte sich der weinrote Toyota meines Vaters und vor uns lag nun ein ereignisreiches Wochenende, von dem ich mit Sicherheit noch lange erzählen würde.

Das Tor öffnete sich. Zuerst dachte ich: *Wow, ein elektrisches Tor, voll hightech!*, bis ich eine kleine zierliche Frau hinter dem Tor hervortreten sah. Vermutlich hatte sie unser Auto kommen sehen. Neben dieser Frau, die ich schon in der Jugenddisco als Millis Mutter identifiziert hatte, stand *sie*. Milli. In einem weißen Kleid mit bunten gestickten Schmetterlingen. Sie strahlte über beide Ohren und rannte auf mich zu, als sich unsere Blicke trafen. Sie fiel mir um den Hals und hielt mich ganz fest. Da war es wieder. Das kribbelige Gefühl der Aufregung, der Geborgenheit, der Nähe und Vertrautheit. Wahnsinn, wie die vielen Briefe und Telefonate so einen Bund geschaffen hatten. Ich ließ meine Tasche zu Boden fallen und legte meine Arme um Milli. In Filmen wäre sicherlich ihr Fuß nach oben geflippt oder ich hätte sie hochgehoben und sie bei kitschiger Musik lachend durch die Luft gewirbelt, aber es blieb einfach nur bei einer schönen und herzlichen Umarmung. Vermutlich hätte ich mich so ganz ohne Training ohnehin direkt verhoben bei dem Versuch, Milli herumzuwirbeln. Ich kann nicht einmal zehn Milchkartons gleichzeitig tragen, wie soll ich dann meine Freundin anheben können? Mit meinem Hexenschuss müsste ich dann sicher zum Orthopäden, wo ich dann aber immerhin nicht allein wäre, weil Nathalie mit ihren Hängeschultern gleich mitkommen könnte.

»Kommt rein, ihr Turteltauben, ich habe frischen Apfelstrudel und leckeren Eistee gemacht«, strahlte Millis Mutter. Sie hatte bereits die Tasche von mir mitgenommen und befand sich auf dem Weg ins Haus.

Ich hatte gerade meinen Tee geleert, als Milli schon aufsprang, um mir ihr Zimmer zu zeigen. Sie hatte ihr Reich im Dachgeschoss des

Hauses. In der ersten Etage befanden sich neben dem Schlafzimmer der Eltern ein Badezimmer mit großer Badewanne, das Zimmer ihres Bruders Cedric, in dem Dennis bereits mit ihm zusammen saß, um durch Xbox-Spiele zu stöbern, und eine Art Wohnzimmer.

»Hier ist unser Fernsehzimmer«, erklärte Milli, als ich verwirrt in den Raum starrte.

»Ähm, okay. Und was genau unterscheidet euer Wohnzimmer Schrägstrich Esszimmer von diesem Raum?«, fragte ich sichtlich verwundert.

»Wenn mein Bruder und ich etwas anderes schauen wollen als meine Eltern oder wir Besuch haben, dann können wir uns hier austoben«, sagte sie, als wäre es das Normalste der Welt.

Wow. Wir durften zu Hause nur fernsehen, wenn wir vorher gefragt hatten. Das war der Grund, warum ich immer heimlich den Fernseher einschaltete, wenn meine Eltern noch auf der Arbeit waren. Allerdings gab es einen Hoffnungsschimmer, denn meine Eltern waren bereits seit Längerem auf der Suche nach einem Haus. Auch sie hatten die Dreizimmerwohnung offensichtlich satt. Ich war schon voller Vorfreude darauf, bald in ein neues Haus zu ziehen, denn dann, und ich zitiere meinen Vater, würde »jeder seinen eigenen Fernseher im Zimmer bekommen«.

Milli hatte das größte Zimmer. Die Dachschrägen und das kleine Giebelfenster zur Einfahrt hin ließen den Raum gemütlich wirken. Die hellen Vorhänge und die Lichterketten, die ihre an die Wand gepinnten Fotos umrahmten, gaben ihrem Zimmer eine persönliche Note. Auf den Bildern sah man viele Mädchen, die Ballett tanzten. Eine von ihnen war Milli – auch wenn ich so spontan nicht erkennen konnte, welche genau sie war, denn in den Outfits und mit den streng zusammengebundenen Haaren sahen viele der Tänzerinnen gleich aus. Millis Zimmer sah ganz anders aus, als ich es mir vorgestellt hatte. Wir hatten uns nie erzählt, wie es bei uns zu Hause eingerichtet war, daher hatte ich es mir einfach selbst ausgemalt. In meinem Kopf wohnte sie ebenfalls in einer kleinen Dreizimmerwohnung in einem mehrstöckigen Haus.

Wie ich hier so stand, machte sich eine Wärme in mir breit. Es gab noch so viel, was ich über meine Freundin erfahren konnte in den nächsten Jahren. Es war irgendwie aufregend, noch nicht alles über den anderen zu wissen und sich erst Stück für Stück kennenzulernen. Wahnsinn, über was wir alles bereits geredet hatten, aber so eine Kleinigkeit wie das eigene Zimmer war nie zur Sprache gekommen.

»Süß, du hast schon ein Bett für mich aufgebaut«, grinste ich und zeigte auf die Matratze neben ihrem Himmelbett.

»Dennis kann bei meinem Bruder schlafen. Ich denke, dass die eh nur zocken werden«, schmunzelte Milli.

Ich stellte meine Tasche neben ihren Schreibtisch und ließ mich auf ihr Bett plumpsen, nur um direkt wieder aufzuspringen. »Oh, bevor ich es vergesse«, sagte ich hektisch, während ich den vordersten Reißverschluss meiner Reisetasche öffnete. »Hier hast du dein Freundschaftsbuch zurück.« Ich reichte Milli das hellgrüne Buch, das sie mir ein paar Wochen zuvor mit dem Wunsch, ich solle etwas reinschreiben, geschickt hatte. »Du kannst ja reinschauen, wenn ich wieder gefahren bin«, ergänzte ich schnell. Ich konnte es noch nie leiden, wenn jemand Briefe, Geburtstagskarten oder andere Texte, die ich verfasst hatte, in meiner Gegenwart las. Man steht dann immer da wie bestellt und nicht abgeholt und die Nervosität frisst einen förmlich auf. Ich möchte die Reaktionen nicht in Echtzeit sehen. Denn wenn jemandem eine Karte nicht gefällt, sollte die Person genug Zeit haben, sich eine nette Lüge auszudenken, um meine Karte gut dastehen zu lassen. So fair sollte man sein.

Entgegen meinem Wunsch klappte Milli das Buch auf und blätterte auf die Seite, die ich gestaltet hatte. »Sehr süßes Foto, danke«, flüsterte sie.

Ich hatte extra ein Porträtbild von mir mit dem Fotodrucker meines Vaters ausgedruckt, damit Milli nicht vergaß, wie ich aussah. Schließlich war es auch dunkel in der Jugenddisco gewesen. Und verraucht. Ein Wunder, dass sie mich heute überhaupt erkannt hatte. Ich hoffte, dass ich bei diesem Besuch die Möglichkeit haben würde, auch ein Foto von Milli zu machen. Glücklicherweise legte sie das Buch direkt wieder zur Seite und strahlte mich an. Sie nahm mich an die Hand und zog mich aus ihrem Zimmer.

Gemeinsam mit unseren Brüdern spazierten wir die stillgelegten Bahngleise hinter dem Haus entlang. »Da kommen gleich viele leere Lagerhallen und ein alter verlassener Bahnhof«, rief Millis Bruder uns zu. Er balancierte vor uns auf den Schienen und wedelte hektisch mit seinen Armen, um nicht das Gleichgewicht zu verlieren. Dennis tat es ihm gleich. Es wirkte so, als hätte er in Millis Bruder ein Vorbild gefunden. Alles, was dieser vorschlug, bejahte mein Bruder direkt, ohne auch nur zu zögern. Das machte er immer bei älteren Jungs, die er für cool hielt, was im Wesentlichen dazu führte, dass er irgendwann Dummheiten machte. Das war vermutlich auch der Grund, warum wir diesen spontanen Ausflug auf die Abstellgleise angetreten hatten, obwohl nicht nur die Eltern von Milli davon abgeraten hatten, sondern auch die »Betreten verboten«-Schilder an den Zäunen, über die wir klettern mussten, um hierherzugelangen. In der Regel war ich superanständig und hätte mich zu so einer Straftat nie hinreißen lassen, aber ich hatte gehofft, ein bisschen Zweisamkeit mit Milli genießen zu können. Und ein bisschen Todesangst hat der romantischen Stimmung ja noch nie geschadet.

»Ich bleib lieber hier draußen, keine Lust, meine Hose einzusauen« war nicht einmal eine Lüge, mit der ich mich entschuldigte, um vor dem großen Bahnhofsgebäude stehen zu bleiben. Milli blieb ebenfalls stehen. Ihr Bruder und Dennis rannten an uns vorbei, um ins Innere zu gelangen. Die Fensterscheiben des gigantischen Bauwerks waren völlig zerstört, die Wände waren mit Graffiti vollgeschmiert und die halbherzig zugenagelten Türen waren eingetreten oder aus den Angeln gerissen. So sähe es sicherlich bei uns zu Hause aus, wenn wir sturmfrei hätten und Dennis seine Freunde zu einer Party einladen würde. Die kaputten und leeren

Bierflaschen auf dem Gelände vor dem alten Sackbahnhof bestätigten meine Vorstellung. Als die Schritte und das Gegröle unserer Brüder sich entfernten, setzte ich mich auf einen Vorsprung und begann, Kiesel gegen ein Scheunentor zu werfen.

»Alles gut? Warum willst du nicht mit rein?«, fragte Milli und setzte sich neben mich.

»Ach, ich bin wegen dir hier und nicht um mit meinem Bruder abzuhängen«, entgegnete ich. Einer meiner geworfenen Steine prallte vom Tor ab und traf auf eine Metalltonne, was einen scheppernden Klang ertönen ließ.

»Wow, nicht schlecht«, ertönte es hinter mir. Noch bevor ich mich umdrehen konnte, flogen mehrere Steine an mir vorbei. Mein Bruder hatte sich faustgroße Steine und zerbrochene Ziegel genommen, um auf die Tonne zu werfen. Dass die Wurfgeschosse so nah an mir vorbeizischten, machte mir ein flaues Gefühl im Magen. Dennis konnte zwar schon immer besser werfen als ich. Das war allerdings auch nicht schwer, denn ich konnte gar nicht werfen! Wenn ich an seiner Stelle gestanden hätte, um von dort aus die Tonne zu treffen, hätte ich es vermutlich geschafft, meinen eigenen Hinterkopf zu treffen. Nein, das ist physikalisch nicht unmöglich. Dafür konnte ich schneller rennen als mein Bruder, aber das war so ziemlich die einzige sportliche Aktivität, die mir besser lag als ihm. In seinen Augen war er aus diesem Grund »männlicher« als ich, denn: »Männer sind immer sportlich!«

Ein Stein nach dem nächsten traf scheppernd und krachend auf das Blech. Ihm jetzt zu erklären, dass ich aus Versehen einen solchen Lärm gemacht hatte, dass wir nicht so laut sein sollten und dass ich gerne mit Milli allein sein wollte, wäre verschenkte Mühe gewesen. Selbst wenn ich es versucht hätte, hätte er mich bei dem ganzen Geschepper ohnehin nicht gehört. Stattdessen schaute ich mit einem »Siehst du, was ich meine?«-Blick zu meiner Freundin. Sie nickte mir zu und nahm meine Hand. »Wir gehen schon mal zurück. Denkt daran, um achtzehn Uhr gibt es Abendessen«, rief Milli ihrem Bruder zu und zog mich mit sich.

Wir nahmen einen anderen Weg zurück, als wir gekommen waren. Unser Weg führte vorbei an einigen Weiden und ein paar verwilderten Gärten. Abrupt stoppten wir an einer kleinen Straße. Milli, die immer noch meine Hand hielt, schnellte in die Hocke und riss mich mit sich. »Unten bleiben«, flüsterte sie, ließ meine Hand los und schlich geduckt in ein nahe gelegenes Dickicht. Stille. Und ich war allein. Ich war mir sicher, zu wissen, was uns blühte: Die Polizei hatte uns gefunden. Sie wussten, dass wir die Verbotsschilder mit Absicht missachtet hatten. Das Spiel war aus! Von nun an würde ich vorbestraft sein. Schließlich hatten wir auch mit Steinen geworfen und den Ort damit noch unordentlicher hinterlassen. Von den Beulen in der Mülltonne ganz zu schweigen.

Milli war immer noch verschwunden. Saß sie bereits im Polizeiauto und gab ihre Aussage zu Protokoll? Sollte ich ihr folgen oder hier auf sie warten? Ein paar mehr Informationen wären schon hilfreich gewesen. Keine Ahnung, warum ich ihr so sehr vertraute, aber mit ihr hatte ich das Gefühl, dass ich zu Hause war. Was ich nun jedoch nicht war, weil ich stattdessen vorbestraft im Gebüsch saß. Aber im übertragenen Sinne war ich mit ihr zu Hause. Jedes Telefonat und jeder ihrer Briefe gaben mir ein gutes Gefühl und mir wurde stets warm ums Herz, wenn ich an sie dachte. Wenn ich bei Milli war, fühlte es sich an, als würde ich an einem kalten Wintertag in die warme Stube kommen, wo im Kamin ein Feuer brannte und ich mich mit einer Decke auf den Sessel lümmelte, um einen Tee zu trinken. Dieses Gefühl hatte ich. Vielleicht war es aber auch ein drohender Herzinfarkt, weil ich immerhin der meistgesuchte Verbrecher Deutschlands war. Schleunigst hechtete ich in das Gebüsch, in dem Milli verschwunden war, doch ich konnte sie weder sehen noch hören.

»Pssst, Milli?« Ich horchte in die Stille. Nichts. Wenn sie mich jetzt erschrecken würde, könnte es passieren, dass ich mir in die Hose pinkelte. Ich musste schon, seit wir vom Haus losgegangen waren.

»Hier drüben!«, hörte ich Milli rufen. Ungefähr zwanzig Meter vor mir winkte eine Hand aus dem Boden. Hatte sie sich jetzt eingebuddelt oder war sie jetzt eine Untote? Langsam schlich ich zur winkenden Hand. Ich hatte mal gehört, dass der Strauß seinen Kopf in den Sand steckt, wenn er Gefahr wittert. Hatte Milli sich vor der Polizei verbuddelt?

»Milli? Was machst du da?«, fragte ich. Als ich mich ihrer Stimme näherte, konnte ich sehen, dass sie in einem Graben stand. Ich hüpfte zu ihr hinunter auf den ausgetrockneten Boden und erblickte neben ihr einen betonierten Eingang, der ins Dunkel führte. Ein Eingang in die Kanalisation? Ein Bunker? In meinem Kopf kreisten die Gedanken. Ein bisschen Schiss hatte ich ja schon. Mehr als ein »Öhm, okay ...« brachte ich nicht hervor.

»Komm!«, sagte Milli und verschwand im Nichts. Schon wieder. Das konnte doch jetzt nicht ihr Ernst sein. Warum machte sie das ständig? War das ihr *signature move*? So wie mein Bruder eine coole Handschlaggeste mit seinen Kumpels hatte, war es vielleicht Millis Ding, »Mir nach!« zu flüstern und dann Reißaus zu nehmen? Dieses Mädchen war aber auch schnell. Ich war zwar schneller als mein Bruder. Aber Milli war so schnell, da genügte ein Blinzeln und sie war weg! Vielleicht war sie eine Superheldin. Heute war alles möglich, ich stand ja auch schon mit einem Bein im Knast.

Wie Alice ihrem Kaninchen folgte ich nun Milli in die Dunkelheit. Recht nah vor mir konnte ich ihre Schritte hören. Es dauerte eine Weile, bis meine Augen sich an die Dunkelheit gewöhnt hatten.

»Wir befinden uns jetzt genau in der Mitte unter der Straße«, erklärte mir Milli, die sich nun vor mir auf den Boden setzte. »Wenn es viel geregnet hat, führt ein Bach hier durch, aber ist schon länger nicht mehr vorgekommen. Ich komme manchmal hierher, wenn ich für mich sein möchte.«

Wir saßen eine Weile und hörten in die Stille hinein. Die Straße schien nicht sehr befahren zu sein, denn in der ganzen Zeit hörten wir kein einziges Auto über unseren Köpfen. Milli drehte ihren Kopf zu mir. *Jetzt!* Gäbe es einen besseren Zeitpunkt? Meine Freundin hatte mich an einen verlassenen Ort geführt, wir waren allein, wir waren nicht abgelenkt und niemand wusste, wo wir waren. Perfekte Voraussetzungen, jemanden heimlich um die Ecke zu bringen – okay, das gebe ich zu. Aber es war auch ein toller Moment, einen ersten Kuss zu wagen. Solange es keine Ratten hier unten gab. Denn ich hätte schwören können, ein Piepen gehört zu haben. Ein Rattenpiepen, um genau zu sein, das war keine Maus. Aber jetzt war keine Zeit, um sich über mutierte Ratten den Kopf zu zerbrechen. Jetzt war die Zeit für einen Kuss! Ich schloss meine Augen, neigte meinen Kopf, legte meine Hand in Millis Nacken und meine Lippen auf ihre. Da war es! Das Kribbeln. Dieses unheimlich wohlige Gefühl voller Aufregung und Hibbeligkeit. Die Gedanken völlig fokussiert auf den einen Kuss. Den einen Kuss mit Robin.

Ich konnte an nichts anderes denken. Schon längst hatten unsere Köpfe sich getrennt. Milli wuschelte mir durch die Haare und verschwand wortlos tiefer ins Nichts. Der Kuss mit Milli war kurz. Sehr kurz. Mir war schlecht und ich hatte ein Stechen in der Brust. Der kleine Moment des Kusses hatte etwas in mir ausgelöst. Schmerz. Wie ein Pflaster, das man ganz schnell von einer Schürfwunde abreißt und mit dem man aus Versehen noch ein bisschen Schorf mit abzieht. Im ersten Moment tut es nicht weh, doch leicht verzögert beginnt es zu bluten und zu schmerzen. Ich weiß nicht, wie lange ich noch allein in der Finsternis unter der Straße saß, aber es fühlte sich an wie eine Ewigkeit. Meine Gedanken kreisten. Ablenkung half also absolut überhaupt nicht und Verdrängung sorgte nur dafür, dass es in doppelter Stärke zurückkam. Man wirft den Bumerang der Gedanken und Gefühle weg und denkt, man hat seine Ruhe. Aber nach unbestimmter Zeit kommt er bewaffnet mit Messern, auf Stärke gelevelt, in doppelter Geschwindigkeit zurück und entpuppt sich als dein Endgegner. Kein einfacher Gegenspieler, eher einer, der mit unfairen Mitteln kämpft und trotz Absprache, es nicht zu tun, auch an den Haaren zieht.

Ich schien meinen Bumerang vor langer Zeit von mir geworfen zu haben, denn eine Welle der Panik und Verzweiflung überrollte mich. Erinnerungen schossen in meinen Kopf. Weder vom Rückweg noch vom restlichen Tag bekam ich etwas mit.

Was war falsch mit mir?
Warum konnte ich nicht einfach normal sein?

Die Bedingungen hatten doch gestimmt und ich mochte Milli. Bildete ich mir das ein? Waren meine Gefühle für meine Freundin nur eine Projektion der Gesellschaft und meines Umfelds? Nur eine Hoffnung, die ich mir einredete, um dazuzugehören? War es denn *nicht* so, dass ich nur mit einer Freundin glücklich werden konnte?

Ich fühlte mich unwohl in meiner Haut, ich wollte raus. Hätte es einen Reset-Button fürs Leben gegeben oder eine Möglichkeit, alle Eigenschaften, die man erhielt, selbst zu bestimmen, hätte ich in dem Moment davon Gebrauch gemacht.

»Jeder Mensch ist anders, und du bist einzigartig« war ein Satz, den meine Oma immer gesagt hatte, wenn ich die Fähigkeiten oder Talente anderer beneidete. War das der Grund, warum ich noch nie jemanden wie mich getroffen hatte? War ich so einzigartig und so speziell mit meinen Gefühlen, dass mich niemand verstehen würde? Oder waren da draußen noch andere Leute, denen es ähnlich ging? War ich schon immer so und es war erst jetzt rausgekommen? War der Kuss mit Robin der sogenannte Tropfen, der das Fass zum Überlaufen gebracht hatte? Die eine homosexuelle Tat, die das Fass der Sexualität ins Schwule gewandelt hatte? Bislang war das Wasser in diesem Fass klar und durchsichtig gewesen, aber mit jeder homoerotischen Handlung und jedem schwulen Gedanken war ein Spritzer Regenbogenwasser in die Tonne gelangt, bis sie in allen Farben des Spektrums schillerte und leuchtete. Und meine Tonne war nun so voll mit Regenbogenwasser, dass sie überlief. Unmittelbar musste ich an meine Kindheit denken. Im Kindergarten war ich in der Igelgruppe und hatte am liebsten in der Puppenecke gespielt. Manchmal mit Puppen, an anderen Tagen mit den übrigen Kindern zusammen ein Spiel namens »Mutter, Vater, Kind«, bei dem man den sehr eintönigen und klischeehaften Alltag einer Familie nachgespielt hatte. Dass ich die meiste Zeit die Mutter gespielt hatte, war weder für mich noch für den restlichen Kindergarten seltsam. Für uns war klar: Die Person mit dem besten Organisationstalent durfte die Mutter sein, denn sie war es schließlich immer in unseren Augen gewesen, die alles im Griff hatte. Außerdem war ich schon immer sehr empathisch und konnte mich gut um andere kümmern. Ideale Voraussetzungen, um als Mutter arbeiten zu können. Abgesehen davon durfte der Vater meistens nicht wirklich mitspielen, da er selten im Haus war, sondern immer auf der Arbeit.

Für mich hatte sich in dem Alter nie die Frage gestellt, ob eine Handlung typisch männlich oder typisch weiblich war. Das kam erst später. Das erste Mal brachte mein Vater das Thema auf den Tisch, als ich mich an Fasching in der Grundschule als Hexe verkleiden wollte. Mit Rock und Spitzhut wollte ich meine Klassenkameraden und Freundinnen zum Staunen bringen.

»Geh doch als Magier oder Zauberer, warum muss es denn unbedingt eine Hexe sein?« Mein Vater konnte nicht verstehen, dass es absolut und überhaupt nicht das Gleiche war. Gerne hätte ich so ein tiefgründiges Argument gebracht wie: »Im Gedenken an all die zu Unrecht verurteilten Frauen, die in der frühen Neuzeit zwischen 1430 und 1780 bei der Hexenjagd und der daraus resultierenden Hexenverbrennung ihr Leben ließen, möchte ich als moderner Junge ein Zeichen setzen und mich in ein Hexenkostüm werfen!« Nur leider hätte dies weder der Wahrheit entsprochen noch wusste ich in dem Alter davon.

Ich wollte einfach eine Hexe sein und kein schnöder Zauberer. Jemanden zu verhexen, klang schließlich auch viel cooler, als jemanden zu verzaubern. Wenn etwas als zauberhaft bezeichnet wird, ist es meist etwas Schönes und Großartiges, aber da ich der Kleinste und Schmächtigste aus meiner Klasse war, wollte ich eine Bedrohung verkörpern. Ich wollte zum ersten Mal im Leben nicht im Hintergrund stehen und schüchtern einen Engel oder einen Clown spielen. Ich wollte angsteinflößend und elegant zur gleichen Zeit sein. Halt eben anders als ein Frankenstein-Monster oder ein langweiliger Zombie, der sich aus ein bisschen Toilettenpapier und

Lebensmittelfarbe zusammenschustern ließ. Ich wollte einen Hexenkessel, einen Hexenbesen und einen Hexenhut – und keinen popeligen Zauberstab mit Nullachtfünfzehn-Zaubersprüchen. Hätte Harry Potter zu dem Zeitpunkt schon eine Rolle in meinem Leben gespielt, wäre mein Verkleidungswunsch sicherlich noch anpassbar gewesen und ich wäre als Harry höchstpersönlich gegangen, aber nicht an diesem Fasching. Ich wollte als Hexe gehen. Punkt.

Natürlich wurde kein Hexenkostüm für mich gekauft und ich sollte doch lieber eine Wahl treffen, die meinem Geschlecht entsprach. In einer Nacht-und-Nebel-Aktion nähten meine Stiefmutter und meine Oma mir das zauberhafteste (ja!) Hexenkostüm, das man sich nur vorstellen kann. Umhüllt von einem durchsichtigen, silbern schimmernden Stoff mit aufgestickten Spinnweben und mit einem übergroßen tiefschwarzen Hexenhut stand ich am Faschingstag stolz vor dem Spiegel. Oma malte mir einen dicken Leberfleck ins Gesicht und setzte mir eine lange gruselige Nase mit Warze auf. So konnte ich mich sehen lassen. Das war ich an diesem Tag. Einen Namen musste ich mir nicht ausdenken:»Hexe Tommy« reichte völlig und beschrieb genau das, was es sollte.

Dass ich für mein Kostüm an dem Tag viele Blicke und Komplimente bekam, zeigte mir auf der einen Seite, dass es eine gute Entscheidung war, ich selbst zu sein. Auf der anderen Seite sorgte der Fakt, dass es Leute gab, die kein Fan der Hexe Tommy waren, dafür, dass ich das Kostüm nach diesem Faschingsfest nie wieder trug. Ein Junge hatte sogar gesagt:»Ihhh, was ist das denn? Voll schwul!«

War mein Wunsch, eine Hexe zu sein, also doch falsch gewesen? War jeder Junge, der sich als Hexe, Prinzessin oder Fee verkleiden wollte, schwul? Ich tat es jedenfalls nicht aus einem homosexuellen Grund, sondern hatte einfach Spaß am Verkleiden.

Vielleicht hätte ich auch merken müssen, dass ich anders war, als ich in der Grundschule beim beliebten Pausenhofspiel »Jungs fangen die Mädchen« immer in der Mädchengruppe gespielt hatte. Das hatte ich zwar nicht gemacht, weil ich mich als Mädchen gefühlt hatte. Ich hatte mich mit ihnen einfach besser verstanden als mit den Jungs. Jungs waren mir zu laut, zu rüpelhaft und zu brutal. Außerdem hatten wir weniger Mädchen in der Klasse als Jungs, da war es doch nur fair gewesen, dass jemand das Team wechselte. Auch zu meinen Geburtstagen kamen in der Regel ausschließlich Mädchen. Was für mich völlig normal und absolut nicht seltsam war, schien für meine Familie stets ein erwähnenswerter Fakt zu sein. Für meinen Vater stand fest: »Tommy wird mal ein richtiger Frauenheld – oder schwul!« Meine Oma fragte mich bei jedem Mädchen, das ich ihr vorstellte, warum ich nicht mit ihr zusammen war, und für meinen Bruder stand ja eh schon immer fest, dass ich mit jeder von denen was am Laufen hatte. Dabei kam ich ganz offensichtlich nicht mal mit einer einzigen zurecht.

Ich saß beim Abendbrot mit Milli, ihren Eltern und unseren Brüdern und überlegte, ob ich die Signale meines Körpers nicht schon früher hätte deuten können. Warum konnte man nicht einfach zu einer Wahrsagerin oder einem Hellseher gehen und die sagten einem dann, was man war, was man fühlte und wie man aus dem Schlamassel wieder rauskam? Na gut, man konnte natürlich durchaus zu solchen Menschen gehen, aber ich bezweifelte, dass dabei etwas Sinnvolles rumkommen würde. Hätte es einen Knopf gegeben, den man drücken könnte, der mich zu hundert Prozent hetero machte, der die Gefühle und Gedanken, die ich jetzt gerade hatte, ersticken würde – ich hätte ihn gedrückt. Zweimal! Nur um sicherzugehen. Auch wenn ich dann vermutlich noch mal drücken müsste. Aus Angst, dass beim zweiten Drücken wieder alles rückgängig gemacht wurde. Könnte also eine lange Nummer werden mit dem Drücken.

Vielleicht könnte ich auch einfach so lange mit Milli zusammenbleiben, bis die wirren Gedanken aufhörten und vorbeigingen? In der Schule hatte ich mal gehört, dass es nur eine Phase war, die viele Jugendliche durchmachten, und dass homosexuelle Gedanken und Erfahrungen durchaus mal vorkommen konnten, aber nichts heißen mussten. Das könnte es bei mir doch auch sein, oder?

Milli steckte sich das letzte Gurkenscheibchen in den Mund, ihre Mutter war bereits aufgestanden und hatte begonnen, den Abendbrottisch abzuräumen.

»Ich bin schwul!«, wiederholte ich in meinem Kopf diesen Gedanken, diesen Entschluss, zu dem ich gerade gekommen war. Nie würde ich es schaffen, diese Worte über meine Lippen zu bringen. Meine Ohren rauschten, die Geräusche im Wohnzimmer meiner Freundin, bei Braunschweig am Stadtrand, wurden dumpf. Der Boden wankte. Ich schloss die Augen und versuchte krampfhaft, die Tränen zurückzuhalten.

Der Vorschlag von Cedric, dass wir alle gemeinsam im Fernsehzimmer einen gruseligen Film schauen könnten, stieß bei Dennis und Milli auf so eine große Begeisterung, dass ich gar nicht anders konnte, als ebenfalls zuzustimmen. Würde ich sagen, dass ich eigentlich den Plan gehabt hatte, mit Milli über meine Gedanken und Gefühle zu sprechen, wäre es schlichtweg gelogen, aber wirklich Lust auf einen Filmabend hatte ich nicht. *Gruseliger als der Gedanke an meine Zukunft kann der Film sicher nicht sein*, dachte ich mir und setzte mich zwischen Cedric und Milli. Neunzig Minuten lang hechtete ein Mörder über den Bildschirm und drangsalierte unschuldige Jugendliche, die ein Partywochenende in einer abgelegenen Waldhütte verbringen wollten. Da ich mich bei einem derart flachen Film nicht sonderlich konzentrieren musste, weil es weder eine schlüssige Handlung gab noch tiefgründige Dialoge, schweiften meine Gedanken ab. Ich dachte an meinen ersten Kuss. Ich wusste, dass ich nicht so weitermachen konnte wie bisher. Ich dachte darüber nach, mich von Milli zu distanzieren. Also nicht im physischen Sinne, indem ich vor dem Fernseher sitzend etwas weiter nach rechts an Cedric heranrutschte, sondern gefühlstechnisch in unserer Beziehung. Ich wollte ihr nicht abrupt die kalte Schulter zeigen, sondern plante, dass wir uns langsam auseinanderleben könnten. Direkt morgen würde ich damit anfangen, nahm ich mir vor. Ich würde einfach etwas weniger Interesse an allem zeigen und nicht so viel reden. Konnte schließlich nicht so schwer sein.

Der Plan ging auf. Da ich mich in den Hintergrund verzogen hatte, nutzte mein Bruder die Gelegenheit, sich weiter in den Vordergrund zu spielen. Es wirkte auf mich fast so, als würde er mit Milli anbandeln, denn sie alberten herum, lachten zusammen und waren sogar in einem Team beim gemeinsamen Scharadespiel. Es hätte fast nicht besser laufen können, denn so konnte ich mich wieder meinen Gedanken und Sorgen widmen.

Der rote Toyota meines Vaters fuhr langsam vor unsere Wohnung, scherte rückwärts in eine Parklücke und kam ruckartig zum Stehen. Die Verabschiedung von Milli lag nun eine Stunde hinter mir und ihre Worte klangen noch immer in meinem Ohr. »Melde dich, wenn du zu Hause angekommen bist. Vielleicht kann ich dich ja bald mal besuchen.« Davon hatte sie gestern Abend beim Ins-Bett-Gehen bereits kurz gesprochen. Lange konnten wir allerdings nicht mehr reden, weil unsere beiden Brüder beschlossen hatten, auch bei ihr im Zimmer zu schlafen. Dieses Mal war mir das allerdings sehr gelegen gekommen, denn so hatte ich meine Gedanken einen Moment ausschalten können.

Ich hatte es nicht übers Herz gebracht, ihr zu sagen, dass es keine gute Idee wäre, mich zu besuchen, geschweige denn noch weiter eine Beziehung zu führen. Lieber wollte ich ein Leben lang Single bleiben, als ihre Zeit zu verschwenden oder auszusprechen, dass ich schwul war.

Ich schnappte meine Tasche und wollte mich auf direktem Weg in mein Zimmer aufmachen, als meine Stiefmutter mich bremste. »Na, wie war das Wochenende mit deiner Freundin?«

Ich hätte mich über ihr ehrliches Interesse freuen sollen, doch ich schaffte es nicht, mehr herauszubringen als: »War richtig gut. Ich lege mich etwas hin. Hab mega Kopfweh.«

Üblicherweise hätte ich ihre Antwort, dass wir wohl Alkohol getrunken haben müssten, abgeschmettert und verneint, aber auch dazu fehlte mir die Kraft. Ich winkte ab und ließ die Tür hinter mir ins Schloss fallen. Die Tränen liefen mir übers Gesicht, noch bevor ich mich auf mein Bett fallen lassen konnte. Ich drückte meinen Kopf ins Kissen und versuchte so leise wie nur möglich, alles rauszulassen, was sich angestaut hatte.

Warum war ich nicht normal?
Warum ausgerechnet schwul?

In meiner Familie wurde *schwul* als Synonym für *scheiße* verwendet. Vor allem mein Vater und meine Stiefmutter nutzten es so inflationär, dass sogar mein Bruder damit anfing. Ich hatte Angst, dass ich zum schwarzen Schaf der Familie würde. Dass ich derjenige sein würde, über den auf Familienfeiern gelästert werden würde. »Vergesst die Geschichten vom Schulabbrecher-Cousin Marvin, habt ihr gehört, Tommy ist schwul. Superekelig. Von wem der sich das wohl abgeguckt hat? Eine Schande für die ganze Familie. Seine armen Eltern.«

Warum musste ich schwul sein? Warum nicht etwas anderes? Die schlimmsten Gedanken rasten mir durch den Kopf. Lieber hätte ich keine Beine, wäre stark übergewichtig, plötzlich erblindet oder unheilbar an Krebs erkrankt, als schwul sein zu müssen. Lieber wollte ich sterben, als dieses Schicksal annehmen zu müssen. Sterbenskrank wird man wenigstens für sein Schicksal bemitleidet. Ich würde nur ausgelacht und gehasst werden. Mittlerweile schäme ich mich für diese Gedanken, denn keines dieser Schicksale hatte es verdient, dass ich so über sie dachte, aber in dem Moment auf dem Bett in der Dreizimmerwohnung irgendwo in Hannover waren diese Gedanken für mich der Versuch, einen Ausweg zu finden, wo es keinen gab. Niemand war schuld daran, dass ich so war. Es waren nicht die No Angels, deren Musik ich liebte, nicht die Puppen aus dem Kindergarten und nicht Gott, wenn es ihn denn gab, die mich schwul gemacht hatten. Mehr und mehr versank ich in Selbstmitleid und Trauer. Als wäre jemand gestorben. Es war ja auch jemand gestorben! An diesem Tag, mit diesem Eingeständnis, hatte ich den heterosexuellen Tommy beerdigt, und das konnte ich nicht ungeschehen machen. Die Hoffnung, die ich hatte, dass ein Kuss der wahren Liebe mich wieder erden konnte und ich dann keine homosexuellen Gedanken mehr hatte, war nun endgültig futsch. Ganz ehrlich, was hatte ich mir dabei auch gedacht? Dass ich ein schlafender Prinz in einem Märchen war und Milli die heldenhafte Prinzessin, die mich aus dem Homoschlaf wach züngelte? Dass wir uns anschließend gemeinsam das Heterokönigreich teilen und zusammen regieren würden, bis dass der Tod uns scheidet?

Vielleicht würde ich ja noch aufwachen und feststellen, dass das Wochenende nur ein Traum war.

»Noch fünfzehn Minuten!«, hörte ich Frau Semmelroth-Winkelmann sagen. Ich starrte an die Wand und versuchte so auszusehen, als würde ich angestrengt nachgrübeln. Matheklausuren waren nicht mein Ding und bei der Sache war ich eh nicht. Während das laute Kritzeln auf den Papieren die Stille erfüllte, dachte ich kurz an Milli. Die Abstände zwischen den Telefonaten waren seit meinem Besuch bei ihr immer größer, die Gespräche selbst immer oberflächlicher geworden.

Milli war an einer renommierten Tanzschule angenommen worden und würde dafür vermutlich weiter weg zu ihrer Tante ziehen müssen. Meine Familie hatte beschlossen, in ein Haus zu ziehen, und war stark damit beschäftigt, unseren anstehenden Umzug zu organisieren. Und ich saß bei einer weiteren Klausur, die ich ganz sicher wieder verhauen würde. Die Tage zogen an mir vorbei wie im Rausch. Ich war so mit mir selbst beschäftigt, dass ich gar nicht mehr genau sagen konnte, was um mich herum passierte und wie viele Tage vergangen waren. Wie konnte die Welt denn so normal weitergehen? Wie konnten alle ihr Leben weiterführen, wo es bei mir doch gerade so ein Chaos war? Ich hätte so gern mit jemandem geredet, doch ich wusste einfach nie, wie. Zum einen dachte ich, dass sich niemand für meine Probleme interessierte. Zum anderen konnte ich es einfach nicht über mich bringen, meine Gedanken auszusprechen. Was sollten die Menschen um mich herum denn auch sagen außer »Mach doch, was du willst«, »Also, für mich wäre das ja nichts« oder »Das finde ich widerlich«? Auf Ausgrenzung und Ablehnung hatte ich nicht sonderlich große Lust. Angst, Unsicherheit und das Gefühl, ein Alien zu sein, sorgten dafür, dass ich mich nicht einmal traute, mit meinen engsten Freundinnen und Freunden zu sprechen. Ich sortierte meine Zettel zusammen und stand auf. Es war nicht unüblich, dass ich der Erste war, der seine Klausur abgab. Mir fiel einfach nichts mehr ein, was ich noch hätte schreiben können. Vielleicht reichte es ja für eine Vier? Neben meinen Gedanken und der unüberwindbaren Hürde, vor der ich mich sah, wirkten Klausuren und Umzüge unendlich nichtig. Auf dem Weg nach draußen sah ich im Augenwinkel, dass Nathalie ihre Unterlagen ebenfalls schnell zusammenkramte. Ich wusste, dass sie mit mir reden wollen würde – allerdings nicht über die Klausur, sondern vermutlich über mich. Da es die letzte Schulstunde an diesem Tag war, fiel mir die Entscheidung leicht, einfach nach Hause zu gehen, anstatt auf Nathalie zu warten. Doch ich kam keine zwanzig Meter weit.

»Na endlich!«, hörte ich eine Stimme hinter mir sagen, kaum dass ich das Schulgelände verlassen hatte. Ich wurde an der Schulter gepackt und herumgewirbelt. Nathalie war schnell. Ich hätte nicht damit gerechnet, dass sie mir hinterherstürmte, obwohl sie das Gebäude in der Regel auf der anderen Seite verließ. »Du musst nichts sagen. Ich weiß, dass irgendetwas ist und dass du nicht darüber reden möchtest. Das ist vollkommen okay. Vergiss bitte nur eins nicht: Ich bin für dich da, egal, um was es geht. Stoß mich nicht von dir weg.« Sie nahm mich in den Arm und hielt mich ganz fest. Ich hörte, was sie sagte. Ich spürte ihre Nähe und ihre herzliche lange Umarmung. Ein bisschen fühlte ich mich wie ein kleines Kind, das sich bei einem Fahrradunfall das Knie aufgeschürft hatte. Aber nur weil jemand pustet, heißt es noch lange nicht, dass alles wieder gut wird. Und ein »Schau mal, da oben fliegt das Aua« hat noch keiner Wunde geholfen.

Ich glaubte Nathalies Geste zu verstehen, konnte sie aber gerade nicht würdigen oder direkt in die Tat umsetzen. »Danke«, sagte ich heiser, schwieg dann aber.

»Es gibt nichts, was du mir nicht erzählen kannst«, ergänzte Nathalie und mit einem Lächeln machte sie kehrt und ließ mich auf meinem Weg nach Hause stehen.

Das war jetzt das zweite Mal, dass dieser Mensch von mir die kalte Schulter gezeigt bekommen hatte und dennoch für mich da war. Ich wusste, warum sie meine beste Freundin war.

Ich bin schwul! Ich wiederholte diesen Satz immer und immer wieder in meinen Gedanken. Wie konnte sich so ein kleiner Satz so falsch anfühlen, so viel Angst machen und einem so schwer über die Lippen gehen?

Ich bin schwul! Anstatt mich auf direktem Weg nach Hause zu begeben, lief ich einen Umweg nach dem nächsten.

Ich habe die Klausur verhauen.
Ich bin sitzen geblieben.
Ich habe dein Geld gestohlen.
Ich will nicht mehr mit dir befreundet sein.

All diese Sätze wären mir tausendmal leichter von den Lippen gegangen als die Wahrheit. Die Wahrheit, die ich wohl oder übel nun für mich hinnehmen und akzeptieren musste.

Die Sexualität ließ sich nicht verstecken, wenn ständig alle nach dem Beziehungsstatus fragten. Sie ließ sich auch nicht ignorieren, indem man sich ablenkte. Und sie ließ sich nicht ändern, indem man einfach mit einem Mädchen zusammenblieb. War es dann vielleicht eine Möglichkeit, die Wahrheit anzunehmen, die Zähne zusammenzubeißen und einfach zu sein, wer man war?

DATING

Du kennst das, du wachst morgens auf und bist schwul. Das war also ich. Der schwule Tommy. Schwommy. Musste ich mich jetzt eigentlich auch genau so vorstellen? Das klang anstrengend. Und wo ich so darüber nachdachte, stellte sich auch die Frage: Musste ich mich jetzt bei allen outen? Eigentlich fand ich das total unlogisch. Heterosexuelle Männer outen sich ja auch nicht. Warum auch, es kann den Leuten doch total egal sein, auf welches Geschlecht man steht.

Aber irgendwo stand wohl geschrieben, dass man sich als homosexueller Mann zu erkennen geben muss. Das hatte sicherlich ein völlig benebelter Jünger vor zigtausend Jahren in irgendeinen ollen Stein gemeißelt:

Du sollst dich outen.
Sonst regnet es wieder zwanzig Jahre lang nur Kröten.
Oder so.

So spontan wusste ich allerdings nicht, wie man so ein Outing anfangen sollte, und überlegte daher schon mal, was ich mit den vielen Kröten anfangen könnte. Vielleicht war mit Kröten aber auch Geld gemeint? Doch einen solch wichtigen Fakt, dass es um Reichtum gehen würde und nicht um quaddelige Amphibien, hätte der Jünger sicher nicht verheimlicht. Also doch ein Outing?

»Guten Tag, liebe Freunde, Freundesfreunde und Passanten auf der anderen Straßenseite. Wir haben uns heute hier auf den Stufen des Rathauses versammelt, um meiner zittrigen Stimme zu lauschen und mein verschwitztes Antlitz zu betrachten, während ich euch sage, dass ich schwul bin. Ganz recht, Rita in der letzten Reihe, du hast richtig gehört! Du hast keine Chance bei mir. Lars, kein Grund, Schnappatmung zu bekommen, du fällst nicht in mein Beuteschema. Ich stehe nämlich auf gepflegte Männer.«

Nein, das kam für mich natürlich nicht infrage. Vielleicht sollte ich mir stattdessen einfach ziemlich eindeutige Visitenkarten drucken lassen, die ich jedem wie den Leib Christi in die Hand drücken könnte. *Der schwule Tommy. Amen!* Eigentlich ganz praktisch. So würde ich mir auch nervigen Small Talk ersparen und jeder Kerl, der mir gefiel, hätte direkt meine Nummer. Andererseits war das auch nur eine Lösung bei fremden Menschen. Meine Freundinnen und Freunde würden sich eher wundern, wenn ich ihnen plötzlich eine Visitenkarte in die Hand drückte, obwohl wir ja schließlich schon per Du waren.

Na gut, ich weiß, JEDER würde sich wundern, wenn ich im Club stehen, wie ein Irrer Visitenkarten verteilen und dabei meinen Traubensaft schlürfen würde, der dieses Mal verdammt arg nach Wein schmecken würde. Da würde das 2060-Szenario schon wieder eine völlig neue Wendung nehmen. Unvermittelt stellte ich es mir vor:

Wir schreiben das Jahr 2060. Mit tattrigen Händen setze ich mir meine Brille richtig auf und sehe, wie mein Enkel zu meinem Mann geht und mit großer kindlicher Neugier fragt: »Du sag mal, Opa, wie hast du damals eigentlich Opi kennengelernt?«
Während er behutsam seine Stricksachen weglegt und kurz in die Ferne schaut, antwortet er laut: »Ja, also, der Opi hatte eine kleine Visitenkartenkanone dabei und hat damit wild im Club um sich geballert. Eine Visitenkarte traf mich im Auge, weswegen ich ins Krankenhaus musste. Ja, und dort wich Opi nicht von meiner Seite. So wurden wir ein Paar. Und das ist der Grund, weshalb ich in der Nähe deines Opis immer eine Schutzbrille trage. Solltest du auch tun, mein Kind, manchmal gibt es Querschläger. Friendly Fire ist leider nicht deaktiviert im realen Leben.«

Irgendwie waren diese ganzen Szenarien aber auch viel zu extrem dafür, dass es einfach nur ein Outing war. Das sollte eher casual und nebenbei passieren. Denn eben weil es unlogisch war, sich überhaupt zu outen, sollte man auch keine große Nummer draus machen. Einfach nebenbei! Wie wäre es also mit einem völlig entspannten River-Rafting-Trip mit meiner Familie? So im Kampf um Leben und Tod ließ sich ein beiläufiger Kommentar zu meiner Sexualität sicherlich gut unterbringen. »Reich mir deine Hand, Annette, ich ziehe dich ins Boot. Hau ruck.« Mit einem gekonnten Handgriff würde ich meine Patentante ins Boot ziehen. »Ja, da staunst du, was? Auch schwule Männer können gut anpacken. Huch, Vorsicht mit dem Paddel, wir wollen ja keine Verletzten.«

Nee, lieber nicht. Alle im Boot wären davon völlig abgelenkt, keiner würde mehr paddeln, jeder hätte Fragen und wir würden in den sicheren Tod fahren, denn der rauschende Wasserfall würde plötzlich viel näher sein als noch vor der Rettungsaktion der über Bord gefallenen Annette.

Vielleicht sollte ich es lieber erst nur ganz sachlich und nüchtern meiner besten Freundin erzählen, schauen, wie sie reagierte, und darauf basierend könnte ich meinen Outingplan noch einmal in spektakulärer Weise anpassen.

Nathalies Reaktion überraschte mich dann aber doch. Nachdem ich recht umständlich einen Riesenbogen gespannt hatte, von Geburtstagsfeiern im Kindergarten und wie komisch diese waren über unsere gemeinsame Schulzeit, dass wir uns ja alles erzählen könnten und wie schön es war, ihr Sitznachbar zu sein, bis hin zur Party mit dem Kuss, kam von ihr nur ein Satz: »Ich weiß, Tommy, ich hab nur darauf gewartet, dass du es auch feststellst.«

Pah! Als ob sie das gewusst hatte. Woher sollten es andere wissen, wenn ich es selbst nicht mal gewusst hatte? Entweder sie hatte meinen monatelangen Kampf mit mir und meinen Gefühlen mitbekommen oder sie hatte einen meiner Entwürfe der Visitenkarten gesehen. Sie stand mir wohl doch näher, als ich geahnt hatte, aber ich war so sehr mit mir selbst beschäftigt gewesen, dass ich gar keine Kraft und Zeit hatte, sie wahrzunehmen.

Ich musste mir aber eingestehen: Mir war irgendwie schon klar, dass meine beste Freundin nicht mein Outing-Endgegner werden würde. Also, wenn ich mir mein Outing wie ein Videospiel vorstellte, in dem jedes Level einen Endboss hatte, wäre sie Level 1 und ihre Superpower bestünde darin, mich mit Glitzer zu bewerfen oder mir den Nacken zu massieren. Wenig furchteinflößend. Es gab ja auch einen Grund, warum sie meine beste Freundin war. Das war ein Prozess, der mit viel Vertrauen und gegenseitigem Respekt einherging. So eine Freundschaft war ja im Endeffekt auch wie eine Beziehung, nur eben ohne lästige Gefühle, die alles durcheinanderwirbelten und einen selbst oft wie einen Vollidioten dastehen ließen. Was nicht hieß, dass ich mich noch nie in meinem Leben vor Freunden zum kompletten Deppen gemacht hatte. Das schaffte ich auch mit absoluter Leichtigkeit, ohne verliebt zu sein.

Weil mein Outing bei Nathalie so unkompliziert war, gab mir das natürlich einen kleinen Selbstbewusstseins-Boost. Das war wie beim Kochen: Wenn man damit anfängt und das erste Gericht direkt gelingt, brennen irgendwelche Synapsen im Gehirn durch und man denkt, ein Sternekoch zu sein. Der Höhenflug endet dann aber spätestens, wenn man beim nächsten Mal die Küche beinahe abfackelt. Oder Salz und Zucker verwechselt. Das hinterlässt natürlich einen fiesen Nachgeschmack. Und ebenso unschön wie der waren auch diverse Reaktionen auf mein Outing. Denn leider war nicht jeder Nathalie. Leider hatten andere nichts von meinem inneren Zwiespalt und der Angst mitbekommen. Leider wendeten sich Menschen von mir ab und äußerten Unverständnis. Ich werde diese Menschen hier sicherlich nicht als Freunde bezeichnen, denn wenn man sich aufgrund der Sexualität von dir abwendet, dann war man nie wirklich befreundet. Ganz ehrlich, wer sucht seine Freundinnen und Freunde nach der Sexualität aus? Das ist ja, als wäre man aus Prinzip nur mit Linkshändern befreundet oder ausschließlich mit grünäugigen Blondinen. In den Fällen kann man nichts anderes machen, als diesen Menschen den Weg zur Tür zu zeigen. Ich denke, es ist nachvollziehbar, dass ich nicht nur enttäuscht von den Leuten bin, die mir den Rücken kehrten, sondern auch sauer.

Mein Mitschüler Sven, mit dem ich viele Gruppenarbeiten zusammen gemacht hatte und mit dem ich mich immer gut verstanden hatte, bekam von meinem Outing mit, weil ich es im Klassenzimmer Lara erzählte. Wenn Nathalie es nun schon wusste, war es nur fair, dass Lara auch eingeweiht wurde, denn zu dritt waren wir das beste Gespann. Sven kam direkt zu mir, machte ein Riesenfass auf und schleuderte mir viele verletzende Dinge entgegen: »Warum hast du mir das nicht früher gesagt? Ich hätte dich doch nie mit zu mir nach Hause genommen zum Lernen. Stehst du auf mich oder warum hast du immer mit mir Gruppenarbeiten machen wollen? Sprich mich nie wieder an!«

Ich habe mal von einer Frau gehört, die bei ihrem Ex-Mann im Haus ein kleines Ei versteckt hat, um sich an ihm für sein Fremdgehen zu rächen. Als dann Wochen später seine ganze Bude gestunken hat, ist er fast verrückt geworden, weil er nicht herausfinden konnte, wo der bestialische Gestank herkam. Sein letzter Ausweg war es, irgendwann auszuziehen. Beim Umzug nahm er auch die Gardinenstangen mit. In einer dieser Stangen befand sich das alte Stinke-Ei. War dies eine gerechte Strafe? Durfte man so etwas tun? Sollte ich mich auch an Sven rächen? Nein! Auf keinen Fall. Bitte versteck niemals kleine Eier, wenn du das liest und von einem Menschen verletzt wurdest! Streich diesen Menschen einfach aus deinem Leben. Es ist vermutlich einfach nur seine eigene Unsicherheit, die dafür sorgt, dass er dich meidet.

Mein Favorit in meiner »Wie man nicht auf ein Outing reagiert«-Liste war auf jeden Fall ein Mitschüler, der sauer war, dass ich es »verheimlicht« hatte, weil wir ja schließlich auch schon in einem Bett zusammen geschlafen hatten. Und wer kennt es nicht: Das gemeine Schwulsein schleicht sich des Nachts an alle, die nicht schnell genug die Flucht ergreifen. Einmal nicht aufgepasst, schon ist man selbst schwul. Oder noch schlimmer: Der lüsterne schwule

Freund fällt über einen her. Weil wir Schwulen uns ja auch in wirklich jeden Mann direkt schockverlieben, egal, wie der Charakter desjenigen ist oder das Aussehen. Darauf achten wir ja nicht. Wir sind da ganz einfach gestrickt: Bist du ein Mann, bist du mein Typ. Ein weiser Mensch hat einmal gesagt:

Wenn du dich outest, weißt du, wer deine wahren Freunde sind, denn ein Outing trennt die Spreu vom Weizen.

Und während du diesen Satz jetzt ein wenig auf dich wirken lässt, lasse ich unter den Tisch fallen, dass dieser Satz von mir stammt. Aber irgendwie ist es aus heutiger Sicht auch befreiend, zu wissen, dass mit dem Outing einmal so richtig schön der Freundeskreis aussortiert wurde. Da bekommt man ein Gefühl von Ausmisten und Ballastloswerden. Wer braucht schon zwanzig Freundinnen und Freunde? Neunzehn reichen ja auch völlig. Und so ein Outing ist ja schließlich auch ein absoluter Vertrauensbeweis. Man macht sich quasi einmal komplett nackt für das Gegenüber. Bildlich gesprochen. Auch hier wieder: Bitte zieh dich nicht einfach vor Freunden komplett aus beim Outing. Oder generell. Es ist also völlig klar, dass man in diesem Moment verwundbar ist. Und eine Person, der du wirklich etwas bedeutest, weiß das. Wer in diesem Moment nur an sich denkt und Angst hat, vom bösen schwulen Mann verführt zu werden, hat das Prinzip von Freundschaft nicht verstanden. Man hält zusammen, geht durch dick und dünn, in guten wie in schlechten Zeiten. Auch wenn die schlechten Zeiten mal so schlecht sein sollten wie das gammelige Stinke-Ei.

Apropos Ei: Als frisch aus dem regenbogenfarbenen Ei gepellter, fast volljähriger Mann konnte ich mich nun endlich ins Datingleben stürzen. Wobei stürzen da auch Programm war. Denn bis ich meinen Traumfrosch finden sollte, musste ich schon recht viele Pseudoprinzen treffen. Es ist ja auch so: Nicht jeder ist für Treffen mit wildfremden Menschen gemacht. Es gibt Personen, die kommen in einen Raum und füllen diesen mit ihrer Präsenz. Und es gibt mich. Ich komme in den Raum. Ende der Geschichte. Ich bin dann da und das muss reichen. Mich einfach so mit Menschen zu treffen und über mich zu sprechen, fällt mir schwer. Es gibt ja auch immer so einen schmalen Grat zwischen zu viel erzählen und zu wenig. Also klar, ich hab natürlich wenig davon, mich mit jemandem zu treffen und gar nicht zu reden. Es ist aber auch okay, beim ersten Treffen NICHT direkt zu erwähnen, dass man heute bereits auf vier Dates war und eines davon der Kellner war, der gerade unsere Getränke bringt. Aber das ist eine andere Geschichte, ich fange lieber erst einmal von vorne an, denn mein Datingverlauf war lang und steinig. Eines meiner ersten Dates war »der Typ vom Standesamt«. Warum er diesen Namen trägt, erfährst du gleich.

Juni. Es war der erste richtig warme Tag in diesem Sommer. Der Geruch von Sonnencreme lag in der Luft. Klingt wie das perfekte Szenario für ein Date, oder? Tja, dann hat mein Verschleierungsmechanismus ja richtig gut funktioniert, denn eigentlich verpacke ich die Story nur in dieses güldene Antlitz, damit es mehr wie *My Boy – Meine erste Liebe* klingt statt nach *Warum treffe ich mich mit diesem komischen Kauz?*. Mein Date und ich trafen uns in der Stadt. Wir hatten uns online kennengelernt und vor diesem Treffen zwar schon ein wenig hin und her geschrieben, aber das reicht ja nicht, um einen Menschen wirklich zu kennen. Dementsprechend nervös war ich, einen mir fremden Mann zu treffen. Aus diesem Grund verabredeten wir uns tagsüber an einem belebten Ort. Aber nicht nur die Tatsache, dass ich ihn kaum kannte, machte mich nervös, sondern auch der Fakt, dass ich mit ihm in der Großstadt unterwegs sein würde. Ich hielt mich eher bei uns auf dem Dorf auf, denn mit vielen Menschen, unbekannten Gegenden, Hochhäusern, Straßenbahnplänen, Buslinien und dem ganzen Lärm wurde ich einfach nicht warm. Die Nervosität füllte meinen ganzen Körper. Da werden Dinge wie eine einfache Begrüßung direkt zu einem unüberwindbaren Problem. Du kennst es vielleicht: Man steht in einer Schlange beim Bäcker und geht im Kopf durch, was man gleich am Tresen bestellen wird. Und plötzlich weiß man nicht mehr, wie man Camembert ausspricht. Als hätte man das Wort nicht schon zweitausenddreihundertmal in seinem Leben gesagt. Je näher man dem Moment des Bestellens kommt, desto nervöser wird man. Schließlich ist man dran und kriegt nur noch Wortkotze hervor. So bestellt man statt eines »Brötchens mit Camembert« plötzlich ein »Krönchen mit Come on Bär«. Und bei einem ersten Date begrüßt man sich statt mit einem lässigen »Hi« und einem coolen, überlegenen Nicken eher mit unkontrollierten Verrenkungen und einer halben Umarmung, bei der man dem anderen gleichzeitig einen superlässigen Kinnhaken gibt. Zu so einer Begrüßung, auf die Körperklaus stolz wäre, kam es bei mir allerdings erst gar nicht.

Ich hatte mich nach langer Diskussion mit mir selbst darauf geeinigt, meinem Date nicht die Hand oder die Faust zu geben, sondern ihn mit einer herzlichen Umarmung zu empfangen. Und ebendiese hatte ich auch bei Sichtung meines Dates angekündigt, um ihm die Möglichkeit zu geben, ebenfalls seine Arme auszubreiten und meine Umarmung zu erwidern. So stand ich da. Mit offenen Armen. Locker zehn Minuten lang. In solchen Momenten fragt man sich auch, wie unfassbar langsam ein einzelner Mensch gehen kann. Nach gefühlten drei Stunden kam mein Date dann auch endlich mal an und anstatt meine Umarmung zu erwidern, gab er mir einfach nur die Hand mit den Worten: »Das reicht ja auch erst mal.« Bis dahin war mir nicht klar gewesen, dass man bereits bei einer Begrüßung einen Korb kriegen kann.

Nun denn, ich ertrug es stillschweigend und der Umarmungshasser und ich gingen in der Stadt spazieren und er gab mir eine kleine Führung. Das war für mich vollkommen in Ordnung, denn ich war noch nie zuvor in dieser Gegend gewesen und lerne ja auch gern dazu. Auch wenn es vielleicht einfacher gewesen wäre, einen Städteguide für so eine Tour zu buchen. Der hätte mich vielleicht auch gerne umarmt. Aber gut, ich bin ja nicht nachtragend. Ich versuchte, dem Mann mit dem eiskalten Händchen eine zweite

Chance zu geben. Mit Moderationsstimme erklärte er mir vierundzwanzig Minuten lang die Bauwerke der Umgebung, bis wir schließlich vor einem doch sehr unscheinbaren Gebäude stehen blieben. Mein Date räusperte sich und sagte:»Hier ist das Bezirksstandesamt. Wenn hier geheiratet wird, ist die ganze Straße gesperrt und dekoriert.«

Ich hatte im Lauf des Spaziergangs neuen Mut gefasst und wollte die leicht angeknackste Stimmung mit einem Witz lockern. Schließlich hatte ich seit der Begrüßung nur Ahs und Ach sos von mir gegeben. So konnte ich direkt zeigen, wie sympathisch und humorvoll ich bin. Ich entgegnete ihm also:»Oh, das erste Date und du führst mich direkt zum Standesamt?« Erwartungsvoll lächelte ich ihn an. Er lächelte nicht. Stattdessen drehte er langsam den Kopf zu mir, sah an mir herunter – und ja, er sah nicht nur bildlich gesprochen auf mich herab, sondern auch wortwörtlich, weil er zwei Köpfe größer war als ich – und sagte:»Träum weiter.«

Ich glaube, in diesem Moment hörte ich mein kleines Herz in tausend Teile zerspringen. Nicht weil ich verliebt in ihn war und mir bereits eine Zukunft mit ihm hätte vorstellen können, sondern einfach weil es mich verletzt hatte. Optisch lächelte ich ihn einfach weiterhin starr an und um mir ein peinliches Gebrabbel zu ersparen oder mich um Kopf und Kragen zu reden, schwieg ich lieber. In solchen Momenten fällt einem sowieso nie der passende Spruch ein. Der kommt dann immer erst Wochen später unter der Dusche, wo man ihn nicht mehr braucht.

Kurz überlegte ich, einfach zu gehen, aber ich war ja noch nie in dieser Gegend gewesen. Ich hatte schon immer die Orientierungsfähigkeit eines Toastbrots, weshalb mir mein Vater auch stets untersagte, die Landkarten mit Routenbeschreibung für unsere Campingurlaube zu überwachen, denn»die Routenplanung ist eine echte Männeraufgabe«. Wahrscheinlich wäre ich heute noch in der Stadt unterwegs, weil ich niemals nach Hause gefunden hätte. Menschen hätten sich den Mythos vom wandelnden Mann erzählt. An besonders heißen Sommertagen kann man ihn sehen. Starr lächelnd. Immer im Kreis rennend. Auf der Flucht vor Standesamt-Guy. Ich für meinen Teil wusste jedenfalls, dass das nicht der Mann war, den ich einmal heiraten würde. Nicht in diesem Standesamt und auch nicht in einem anderen.

Irgendwie brachten wir dieses grauenhafte Date mit leichtem Small Talk dann irgendwann doch zu Ende und zum Abschied dieses wundervollen Tages gab es sogar doch noch eine Umarmung, die – man glaubt es kaum – von meinem Date ausging. Eigentlich hätte ich ihm gern nur meine Hand statt einer Umarmung angeboten und gesagt: »Das reicht ja dann wohl.« Aber ich stehe einfach über den Dingen und verhalte mich nicht kindisch. Na ja, vielleicht tat ich es auch nicht, weil es mir in diesem Moment nicht einfiel und ich erst Wochen später unter meiner verdammten Dusche daran gedacht habe. Vielleicht sollte man stets eine mobile Dusche dabeihaben, dann könnte man immer im richtigen Moment die passenden Worte finden.

Dieses Katastrophen-Date war mir für die kommende Zeit eine Lehre. Ich schrieb insgeheim ein Memo an mich:

Triff keinen Typen, mit dem du vor der ersten Verabredung nur ein wenig hin und her geschrieben hast.

Ich schwor mir also, mein zweites Date viel durchdachter und professioneller anzugehen. Ich war quasi Tommy, der Date Doktor.

Ich war nun also gewappnet und wollte vor meinem zweiten Date mit potenziellen Kandidaten per Videochat telefonieren, um direkt von Angesicht zu Angesicht sehen zu können, wie die so drauf waren. In den folgenden Wochen konnte ich mit diesem Zwei-Schritte-Verifizierungs-Dating bereits etliche Kandidaten ausmisten und ersparte mir somit durchaus lästige erste Treffen. Vielen war es zu viel Aufwand, mit mir vor einem Treffen zu *camen*, andere »hatten leider keine Kamera« oder »sie war zufällig gerade jetzt in dem

Moment kaputt«, wodurch sie bei mir direkt auf der Blockierungs-
liste landeten. Mit einigen meiner Webcam-Kerle verstand ich mich
gar nicht, mit anderen noch weniger.

Ich wollte die Hoffnung gerade aufgeben, doch dann lernte ich
Konstantin kennen. Wir verstanden uns auf Anhieb gut, konnten zusammen lachen und waren bei vielen Themen direkt auf einer Ebene.

»Wenn wir uns treffen würden, würdest du mich zu Beginn direkt umarmen?«, fragte ich ihn und zückte meine Strichliste, auf
der ich verglich, wie viele Menschen meiner Meinung waren, wenn
es um die Begrüßungszeremonie ging.

»Na klar, das macht man doch so. Außerdem bist du süß, da
macht die Begrüßung doch gleich doppelt Spaß«, entgegnete er
mit einem Augenzwinkern.

Ja, und somit stand unserem Date nichts mehr im Weg. Außer
der Tatsache, dass ein Tag nur vierundzwanzig Stunden hat und
mein Prinz Charming gefühlt nur drei Stunden pro Tag Zeit hatte.
Und diese drei Stunden waren auch immer nur abends. Nach Son-
nenuntergang. Ich hatte wohl ein Date mit einem Vampir! Vampir-
gerecht gingen wir also ins Kino und schauten uns den einzigen
Film an, den man sinnvoll bei einem ersten Date schauen sollte:
Saw! Das Praktische an einem Horrorfilm ist ja, dass man nach
dem Film direkt ein Gesprächsthema hat. Ein Thema, das vielleicht sogar über nervigen Small Talk wie »Und? Wohnst du in einer WG oder …?« hinausgeht. Auf der anderen Seite kann man im
gemütlichen Kinosessel im Dunkeln auch direkt etwas Körperkon-
takt suchen. »Oh nein! Ich habe ja so fürchterliche, fürchterliche
Angst! Gib mir deinen starken Oberarm, denn bekannterweise lin-
dern Oberarme große Angst sofort!« Als ich mich in einem Moment
des Gruselns befand und mich ein wenig in Konstantins Richtung
lehnte, um in den Arm genommen zu werden, rutschte er mit den
Worten »Oh, brauchst du mehr Platz?« etwas weiter von mir weg.
Ob er mich tatsächlich missverstanden hatte oder einfach nicht in
der Öffentlichkeit kuscheln wollte, weiß ich nicht. Ich entschied
mich, ihm noch eine Chance zu geben.

Nach dem Kino lud mich das Phantom der Nacht noch auf einen Kaffee zu sich nach Hause ein. Nur kurz fragte ich mich, ob Kaffee um dreiundzwanzig Uhr Sinn ergab. Da ich selbst keinen trank, konnte ich das nicht so recht einschätzen. Nachdem ich Nathalie sämtliche Koordinaten, Standorte und Namen auf den Klingelschildern geschickt hatte, ließ ich mich also wagemutig auf den Kaffee ein. In Konstantins Wohnung angekommen, erzählte er mir, dass er sein Geld mit Onlinepoker verdiente. Das erklärte auf jeden Fall die Blässe und seine sehr seltsamen Datingzeiten. Er führte mich durch seine Wohnung und zeigte mir stolz seinen lächerlich großen Kühlschrank, den er – wer hätte es gedacht? – beim Pokern gewonnen hatte. Ist das etwas, worauf man stolz sein sollte? Es klang für mich irgendwie uncool, da konnte der Kühlschrank noch so viele Eiswürfel produzieren, deinen Namen singen und selbstständig Milch bestellen. Ich gab mich unbeeindruckt. Ich war ja aufgrund eines tollen Dates bei ihm und nicht um ein Küchengerät zu kaufen. Dennoch kreisten meine Gedanken: War er überhaupt der Mann, mit dem ich online geschrieben hatte? Irgendwie verstand ich mich mit ihm virtuell besser als in der Realität, denn bislang wollte er mich nicht in den Arm nehmen und redete ausschließlich über sich und sein großartiges Talent, sechs Pokerspiele gleichzeitig auf dem Rechner zu spielen.

Gerade als ich mich noch mehr langweilen wollte und meine Augen bereits vom Rollen hinter seinem Rücken zu schmerzen begannen, schlug der Pokerstar vor, dass wir noch einen Horrorfilm schauen könnten. Das war vielleicht sein bester Vorschlag an diesem Abend, denn so musste ich mir nicht noch eine Geschichte von einem Royal Flush anhören. Klar, ich hätte auch einfach nach Hause fahren können, aber in mir schlummerte die Hoffnung, dass wir uns erst aneinander gewöhnen mussten, bis wir harmonierten. Tja, falsch gedacht. Und wie das immer so ist, wenn man Spaß hat: Die Zeit verging wie im Flug. Schneller als erwartet war der letzte Bus in mein Dorf weg und ich stand ohne die Aussicht auf ein baldiges Heimkommen vor der Entscheidung, bei meinem Date zu schlafen oder so lange am Bahnhof rumzulungern, bis der erste Bus am nächsten Morgen kommen würde. Ich hatte also den genialen Plan, einfach auf seiner Couch zu schlafen. Doch er versicherte mir, dass ich nicht auf der Couch schlafen könnte, ohne mir meinen Rücken zu ruinieren, denn auch wenn dieses Designermöbelstück mehr gekostet haben musste als all meine Besitztümer zusammen, ausziehen konnte man das Sofa nicht. Was für eine Geldverschwendung. Ich sollte stattdessen also in seinem Bett schlafen.

»Da wir uns so gut verstehen, sollte das für dich ja sicher kein Problem sein«, lächelte er und öffnete die Tür zu seinem Schlafzimmer.

Hatten wir uns gut verstanden? Ich war mir nicht sicher, ob wir auf dem gleichen Date waren, denn ich hatte eher das Gefühl, dass es mit uns nicht so harmonierte. Als er mir mitteilte, dass wir uns eine Decke teilen müssten, da er nur eine einzige hatte, vermutete ich, dass es von Anfang an sein Plan war, mich ins Bett zu kriegen. Ich seufzte. Die einen haben keine Webcam, die anderen haben einfach nur eine Decke, solche Dinge soll es tatsächlich geben.

Mir war eine Sache sofort klar, und zwar dass ich NICHT mit einem fremden Mann in einem fremden Bett unter einer fremden Decke schlafen und dabei meine Kleidung ausziehen würde. Ich tat also das einzig Vernünftige in dieser Situation – und schlief in kompletter Montur und ohne auch nur ein einziges Kleidungsstück abzulegen neben ihm. Na ja, wenn man es denn schlafen nennen konnte, denn ich tat kein Auge zu. Ich lag lange wach und hoffte, dass mein Gastgeber vor mir einschlief. Mit einem »Wenn du deine Hände in der Nacht bei dir lässt, sind wir noch Freunde« drehte ich mich von ihm weg und starrte ins Leere. Um sechs Uhr morgens schlich ich mich heimlich aus der Wohnung und ließ dieses Date hinter mir.

Anschließend dachte ich lange über das missglückte Date nach. Eigentlich hätte ich schon vor der Nummer mit dem Kaffee still und heimlich abhauen sollen. Oder vielleicht nicht heimlich, aber mit einer plausiblen Ausrede. Dass ich nicht wirklich spontan lügen kann, wusste ich spätestens seit meiner kreativen »Jawohl, ich hab eine Freundin«-Geschichte. Die plausible Ausrede zur Beendigung eines Grusel-Dates fiel also schon mal weg. Aber Vorbereitung ist ja bekanntlich alles. Gut, in meinem Fall dauerte diese Vorbereitung mehrere Jahre, aber dafür habe ich ein paar geniale Konzepte erarbeitet, die auch dir den Abbruch eines Dates erleichtern werden. Vielleicht sollte ich hier noch einen Disclaimer einfügen: Ich kann nämlich nicht behaupten, dass diese Ausreden jemals funktioniert oder ich sie regelmäßig angewendet oder generell mal ausprobiert hätte, aber hey, vielleicht findest du ja Anwendung für sie. Hier also meine Top-5-Sätze, die dir die Flucht aus einer blöden Verabredung garantieren könnten.

Platz 5: »Meine Mutter kommt auch gleich.«

Also, na klar, es kann sein, dass dein Date superfamiliär ist und in der Ankunft der Mutter den Höhepunkt eines romantischen Dates sieht à la: »Wow. Der Mann stellt mich direkt seiner Mutter vor. Es ist Liebe.« In diesem Fall heißt es, sein Gegenüber genau zu beobachten und die Reaktion zu analysieren. Entgleisen die Gesichtszüge, hast du gewonnen. Dein Date wird stammelnd und wankend aufstehen. Womöglich sogar einen »Anruf« der besten Freundin bekommen und sofort ins »Krankenhaus« fahren. Aber Vorsicht! Zeichnet sich ein Lächeln ab oder – noch schlimmer – werden die Augen feucht, ist es Zeit, noch einen Satz hinterherzuschießen, um das Date schachmatt zu setzen. Etwa: »Meine Mutter kommt auch gleich. Und sie ist auch deine Mutter.« Die Verwirrung wird groß sein. Entweder bricht das Date dann von selbst auf oder man »lässt ihn erst mal allein mit der Nachricht klarkommen« und schleicht sich selbst davon. Ich gebe zu, die Nachwehen dieser Sätze sind wahrscheinlich größer, als einfach zu sagen, dass man keine Lust mehr auf das Rendezvous hat. Aber ich hab ja auch nicht gesagt, dass die Sätze gut sind. Nur dass sie dir zur Flucht verhelfen könnten.

Platz 4: »Du siehst aus wie mein Ex.«

Im Idealfall wird dieser Satz mit einem melancholischen Unterton vorgetragen, gefolgt von einem nachdenklichen und viel zu langen Blick in die Ferne. Vielleicht baust du sogar noch ein lautes und völlig überzogenes Seufzen ein. Deiner Verabredung muss klar werden: Der Typ hängt noch an seinem Ex. Eine Möglichkeit wäre auch, in jeder Kleinigkeit den Ex zu erkennen. »Wie du so mit Besteck isst. Das hat mein Ex ganz genauso gemacht.« Oder: »Das glaub ich ja nicht: Du blinzelst auch? Wie mein Ex. Gruselig, wie ähnlich ihr euch seid.« Keiner hat doch Lust, jemanden zu treffen, der emotional noch total am Ex-Partner hängt. Was du vermeiden solltest, ist, deinem Date durch die Ex-Freund-Anekdoten zu viele Komplimente zu machen. Denn das könnte man dann wieder als eine Bestätigung sehen, dass ihr besonders gut zusammenpasst. Schließlich warst du ja schon einmal mit jemandem zusammen, der genauso ist wie dein Date. Das Ergebnis ist also auch hier stark von der Performance abhängig.

Platz 3: »Ich liebe dich.«

Dieser Satz wirkt besonders gut, wenn du ihn mit »Ich habe dich gegoogelt« ergänzt. Das gibt dem Ganzen noch diesen creepy Vibe, den du rüberbringen willst. Hier ist es ganz essenziell, die Lage vorab korrekt einzuschätzen. Denn wenn dein Date beim ersten Treffen direkt von Hochzeit spricht und davon, zusammen alt zu werden, dann bitte, um Himmels willen, wähle nicht die »Ich liebe dich«-Variante als Ausrede. Damit bringst du dich selbst in eine Lage, aus der du nie mehr rauskommst. Im Regelfall wirkt so ein Liebesgeständnis beim ersten Date aber eher abschreckend und treibt dein Rendezvous hoffentlich von selbst in die Flucht.

Platz 2: »Ich wähle übrigens die Rechten.«

Dieser Satz ist so solide, damit kann man gar nichts falsch machen. Denn egal, ob das Date mit Abneigung reagiert oder mit voller Begeisterung: Du bist ihn in beiden Fällen los. Ist er ein vernünftiger Mensch, wird er aufstehen und gehen. Ist er aber Wähler der »gleichen« Partei, kannst du dir absolut sicher sein, dass es keine Zukunft für euch gibt. Damit hast du allen Grund, ihn einfach sitzen zu lassen. Ohne Begründung und peinliches Gestammel. Übrigens: Stellt sich dein Date tatsächlich als stark rechts heraus, würde ich dir empfehlen, dein Datingprofil anzupassen. Irgendwas scheint da gewaltig schiefgelaufen zu sein, wenn du solche Typen anlockst. Nur so ein weiterer Tipp am Rande.

Kommen wir zu Platz 1: »Ich hatte mal was mit deinem Vater.«
Wenn du richtig wild sein willst, kreierst du spontan eine Kombination aus Platz 1 und Platz 4. Das ist aber nur etwas für wirklich hartgesottene und energische Dates, die den Wink mit dem Zaunpfahl nicht verstehen wollen. Mir fällt wirklich kein Grund ein, warum deine Verabredung bei diesem Satz bleiben würde.

Mit dem Typen vom Standesamt und Graf Dracula hatte ich also schon zwei richtig erfolgreiche Dates hinter mir. Natürlich hätten mich diese Erfahrungen demotivieren können, aber ich war auf der Suche nach der Liebe meines Lebens. Da steck ich ja nicht sofort den Kopf in den Sand. Außerdem würde ich dann gleichzeitig den Hintern in die Höhe strecken, und das sendet völlig falsche Signale.

Trotzdem hatte ich meine Lektionen gelernt und wusste zwei Dinge sicher. Erstens: Check immer den Fahrplan, damit du keine Gelegenheit verpasst, nach Hause zu kommen. Und zweitens: Wenn dir keine schlagfertige Antwort einfällt – lauf. Ich war also gewappnet für Date Nummer drei. Dachte ich. Aber *boy, was I wrong*. Es ist ja immer so: Wenn man glaubt, es geht nicht mehr, kommt von irgendwo ein drittes Date mit Altlasten daher. Dabei dachte ich, dass ich bei meiner Verabredung mit, wir nennen ihn mal Mister Hollywood, dieses Mal wirklich an alles gedacht hatte.

Wir hatten bereits eine Zeit lang regen Kontakt über die Dating-App und einmal auch per Videotelefonie gehabt. Vor unserem Treffen checkte ich also alle Bus- und Bahnverbindungen und fragte sämtliche Kontaktdaten ab und schickte sie an meine besten Freundinnen. Anschließend verließ ich mein Dorf und fuhr wieder in die Stadt. Unsere größte Gemeinsamkeit war, dass wir uns beide fürs Schauspiel interessierten. Genauso wie ich war Mister Hollywood in einer Gruppe für Improtheater und hatte in der Schule stets die Hauptrollen in allen Stücken gespielt. Ich war also auf alle Eventualitäten vorbereitet und wir hatten Gemeinsamkeiten. Es konnte also wirklich rein gar nichts mehr schiefgehen. Ich freute mich auf das Date.

Direkt der Anfang war jedoch bereits ein Reinfall. Die Begrüßung war gut, keine Sorge, aber mein Rendezvous hatte gar keine Zeit für mich. Man könnte zwar meinen, dass er das auch VOR meiner Ankunft hätte erwähnen können, aber klar: Erst wenn das Date im Wohnzimmer steht, ist der richtige Zeitpunkt für den Satz:»Du, ich muss noch einmal fix zum Amt. Sollte nicht lange dauern.« Schließlich sagt man ja auch erst NACHDEM man in die Hose gemacht hat, dass man eigentlich auf die Toilette musste. Logisch. Netterweise stieß mich meine Verabredung nicht mit voller Wucht zurück auf die Straße, sondern bot mir an, bei ihm in seiner Wohnung auf ihn zu warten, bis er von seinem Termin zurück sein würde. Keine Ahnung, warum, aber ich blieb. Und er ging. Und ließ mich allein in seiner Wohnung zurück. Wir kannten uns gerade einmal dreiundzwanzig Chatnachrichten und einen Videocall. Wenn das ausreichte, mir direkt die ganze Wohnung anzuvertrauen, wollte ich nicht wissen, was ich nach unserem ersten Treffen alles für Privilegien haben würde. Vielleicht tauchte ich bereits jetzt schon in seinem Testament auf oder war Miteigentümer seines Autos? Bevor Mister Hollywood die Wohnung verließ, legte er mir ein kleines nennen wir es mal Geschenk auf den Tisch. »Kannst du dir ja anschauen, wenn du magst«, sagte er und schloss die Tür hinter sich.

Eine DVD. Man könnte jetzt denken, dass diese Geste sehr nett und zuvorkommend war, denn so konnte sich der allein gelassene Tommy wenigstens die Zeit mit einem Film vertreiben, wenn man schon vergessen hatte zu erwähnen, dass es mit den Schauspiel-jobs gerade etwas mau aussah und man noch mal kurz zur Berufs-beratung musste (oder wohin auch immer). Wie lange wollte er wegbleiben? Sollte seine Abwesenheit für einen ganzen Film rei-chen? Wollte er später dazustoßen?

Bevor ich mich dem Film widmete, schaute ich mich ein wenig in seiner Wohnung um. Versteh mich nicht falsch, ich bin keiner der Menschen, die alle Schubladen durchwühlen, wenn der Gastgeber mal eben den Raum verlässt, um etwas zu trinken zu holen oder auf die Toilette zu gehen. Aber wenn man so ganz allein und unbe-obachtet ist, siegt die Neugier. Da die ganze Wohnung recht unper-sönlich eingerichtet war und weder Bilder noch Bücher herumstan-den, öffnete ich den weißen Hochglanzschrank im Wohnzimmer. Fein säuberlich aufgereiht befanden sich dort sämtliche Filme und Serien. Zwischen den ganzen DVDs waren auch diverse Sonder-editionen in Metallboxen und ein paar alte VHS-Kassetten. Ein ech-ter Filmfan. Oh, vielleicht hatte er mir seinen Lieblingsfilm rausge-legt, damit ich ihn noch besser kennenlernen konnte? Ich eilte zur bereitgelegten DVD und drehte die Hülle um. Nun ja ... also, mit ei-nem Pornofilm hatte ich jetzt nicht gerechnet, musste ich innerlich zugeben. Dass der Wohnungseigentümer, mein Date, Mister Hol-lywood höchstpersönlich in diesem Streifen auch noch die Haupt-rolle spielte, setzte der ganzen Aktion das Krönchen auf.

Es gibt in so einem Fall an sich nur zwei Handlungsmöglichkei-ten. Entweder man schaut den Film oder man geht wortlos. Also, in meinem Fall hätte das Date es nicht mitbekommen, wenn ich wortlos gegangen wäre, weil er mich ja allein gelassen hatte, aber für die Vorstellung klingt es besser, wenn man einfach schweigend aufsteht und die Wohnung verlässt. Oder man macht es wie ich und macht – rein gar nichts. Ich war einfach nur komplett perplex.

Dann aber wollte ich wissen, was es damit auf sich hatte. Und warum man mir so provokativ diese DVD hinterließ. Das konnte ja wiederum auch nur zwei Gründe haben. Entweder wollte mich meine Verabredung irgendwie beeindrucken. So nach dem Motto:

Man kauft nicht die Katze im Sack –
schau mal, was ich für eine wilde Raubkatze bin.
Mit einem wirklich langen Raubkatzenrüssel.

Oder er wollte direkt reinen Tisch machen und quasi von Anfang an mit offenen Karten spielen. Nur eben ohne mit mir darüber zu reden. Ich sollte alles selbst herausfinden. Erinnert mich etwas an den Aufklärungsunterricht in der Schule. Die Lehrer wollten uns zwar die wichtigsten Informationen geben, aber die Dinge beim Namen nennen und einmal Penis sagen? Auf keinen Fall!

Dieses Mal wollte ich nicht klammheimlich die Flucht ergreifen. Und ich wollte auch nicht keine Worte finden. Schließlich hatte ich mit der Abwesenheit von Mister Pornowood auch genug Zeit, mir zu überlegen, was ich ihm sagen würde. Ich war mir zu Beginn noch gar nicht sicher, was ich von seinem Hobby als Schauspieler in einem Erotikstreifen halten sollte, ich war einfach nur geschockt. Letzten Endes konnte er ja machen, was er wollte, wir waren ja auch schließlich kein Paar, aber die Art, wie er mich von diesem Film wissen ließ, noch bevor wir uns richtig unterhalten konnten, schreckte mich ab. Nun galt es, richtig zu reagieren, wenn mein Date von seinem Termin zurückkam.

Folgendes hatte ich mir für die erste Variante überlegt: Die Tür geht auf. Mein Date kommt rein. Ich schaue ihn an. Dann auf die DVD. Ich schaue wieder ihn an. Dann wieder auf die DVD. Entweder er wird mich direkt anzwinkern, in der Hoffnung, dass mir das Spektakel im Film gefallen hat, oder er wird mich verwirrt ansehen. Ich sage: »Das ist mir zu nackig für das erste Date.« Dann drehe ich mich auf der Stelle um und verlasse selbstbewusst die Pornohöhle.

Variante zwei wäre etwas subtiler: Er kommt rein. Ich schaue ihn an. Er schaut mich an. (DU merkst, Blickkontakt ist mir sehr wichtig.) Ich schaue auf die DVD und bedeute ihm mit einem Blick, dass er sich zu mir setzen soll. Ich schiebe die DVD langsam zu ihm. Schaue ihn an und stehe wortlos auf. Und gehe. Ich gebe ihm also ein stummes »Nein« auf seinen Film.

Beide Varianten fand ich in dem Moment sehr gelungen und immerhin hatten sie mich nur eineinhalb Stunden Bedenkzeit gekostet. Als mein Date jedoch wiederkam, funktionierte irgendwie keiner meiner Pläne. Er kam rein. Ich schaute ihn an. Er schaute mich an und noch bevor ich den Mund aufmachen konnte, um spontan mit der ersten Variante zu gehen, ergriff er schon das Wort: »Naaa?« Er sah mich mit einer hochgezogenen Augenbraue an.

Naaa? Das war auch eine der dümmsten Begrüßungen, die es gab. Ich wusste nie, was ich darauf antworten sollte, außer meinem Gegenüber ebenfalls ein dümmliches »Naaa?« entgegenzuplärren. Und genau das tat ich in diesem Moment mit meinem Date. Oder mit meinem Bekannten, ein wirkliches Date war es ja nicht. Dazu sollten meiner Meinung nach die ganze Zeit auch mindestens zwei Menschen anwesend sein. Aber das ist nur meine Ansicht, ich bin da sehr traditionell.

Wir schauten uns nach unserer leidenschaftlichen Naaa-Naaa-Begrüßung an. Augenkontakt. Ich musste blinzeln. Mist, verloren.

»Und, hast du mich in Action gesehen?«, fragte er, während er auf den Flachbildfernseher zeigte.

Egal, was ich darauf antworten würde, es wäre falsch. Wenn ich Ja sagte, würde er wissen wollen, wie ich seine Performance fand, und würde mit mir über den Film reden wollen. Unangenehm. Wenn ich aber Nein sagte, was der Wahrheit entsprach, würde er den Film womöglich mit mir schauen wollen. Und das wäre auch seltsam.

Ich war kurz geneigt, vorzuschlagen, dass wir über den Titel und den Klappentext sprechen könnten, denn beides hatte ich mir wirklich gründlich angeschaut. *Rammel Rick und die Studienfahrt nach Hollywood* warf jedoch nicht genug Fragen auf, um eine tiefgründige Unterhaltung darüber zu führen. Ich konnte mir ziemlich genau vorstellen, worum es in dem Film ging. Ich verwarf diese Idee also schnell wieder.

»Und, was hältst du davon?«, warf Mister Pornowood da auch schon nach.

Auch wieder so eine doofe zweideutige Frage. Was hielt ich wovon? Wollte er wissen, wie ich dazu stand, dass er Pornos drehte, oder wollte er eine Fünf-Sterne-Bewertung für diesen einen speziellen Film? Er schaute mich erwartungsvoll an. Als ich irgendwo in mir endlich meine Sprache wiederfand, gab ich ihm zu verstehen, dass ich den Film NICHT angeschaut hatte.

»Können ja einen ganz eigenen Film drehen«, entgegnete er hoffnungsvoll.

Hatte er meinen Drang, seinen Pornostreifen nicht zu schauen, etwa als Schüchternheit gewertet, die man nur überwinden konnte, indem man sich einfach selbst vor die Kamera stellte? Mir war die Situation total unangenehm und ich fühlte mich bedrängt. Ich lehnte erneut dankend ab und blieb standhaft. Unpassende Wortwahl, ich weiß. Ich schüttelte also den Kopf – und ging.

Ich muss wohl nicht erwähnen, dass wir uns nie wiedergesehen haben. Zumindest in persona. Den Film sah ich mir später mit Nathalie zusammen an. Unser Fazit: Vielleicht sollte der Hauptdarsteller noch einmal zur Berufsberatung gehen.

Wenn du das hier so liest, denkst du sicherlich, mein Datingleben war eine totale Vollkatastrophe. Ich muss aber dazu sagen, dass das nur die Crème de la Crème der schlimmen Dates war.

Irgendwann kam selbst ich in den Flow und stellte mich nicht mehr so doof beim Daten an – und auch die Datingpartner wurden weitaus besser. Ich ging sogar so weit und datete parallel mehrere Männer, denn wenn man mehrere Angeln auswirft, fängt man ja auch mehr Fische. Logisch? Logisch! Ich nenne das einfach effizient.

Ebenso effizient war ich bei meinem Datingprofil. Denn wenn man direkt offen anspricht, was Sache ist und was man sich wünscht, zieht man auch die richtigen Männer an. Man sollte sich also lieber nicht zu mysteriös und geheimnisvoll geben, sondern mit offenen Karten spielen. Diese offenen Karten hätte ich vielleicht auch bei mir zu Hause auf den Tisch legen sollen, denn dort war ich nach wie vor nicht geoutet und hatte Angst davor, dieses Thema anzusprechen. Um überhaupt daten zu können, ließ ich mir immer Ausreden einfallen. Mein Vater und meine Stiefmutter dachten bei jedem meiner Ausflüge, dass ich mich bei Lara oder Nathalie aufhielt. Die beiden deckten mich großartig. Da meine besten Freundinnen stets wussten, wo, wann und bei wem ich war, fiel es mir leicht, in ihrer Gegenwart über meine Date-Geschichten zu sprechen.

Mein nächster Kandidat sollte tatsächlich der Ex-Freund von Chris aus der Parallelklasse sein. Er hatte von meinem Outing in der Schule mitbekommen und hatte ganz unverbindlich gefragt, ob wir eine Runde spazieren gehen wollen. Ich rief sofort Lara und Nathalie an.

»Warte! Mark? Will mit DIR spazieren gehen? Tommy, du musst unbedingt zusagen!«, brüllte Nathalie in den Hörer.

»Ja, immer langsam. Ich hab ihm geschrieben, dass ich noch zu Hause im Haushalt helfen muss und erst gegen neunzehn Uhr kann. Mal sehen, was er antwortet.« Ich lief aufgeregt in meinem Zimmer im Kreis.

»Safe wird er Ja sagen. Selbst wenn du schreiben würdest, dass du erst um Mitternacht kannst. Er steht sicher voll auf dich!«, jauchzte Lara.

Der Vorteil unserer Telefonkonferenzen war, dass ich nicht ständig alles zweimal erzählen musste und meine Mädels direkt informiert waren. Lara hatte es mir noch lange krummgenommen, dass ich Nathalie zuerst von meinen Gedanken zu Jungs erzählt hatte, und wir hatten uns geschworen, von nun alles zu dritt zu teilen.

Mein Handy piepte. »Er hat geantwortet«, sagte ich.

19 Uhr geht klar. Soll ich dich von der Haltestelle abholen?

Sprachlos schaute ich auf die Nachricht von Mark.

»Schnell, sag ihm zu und beeil dich mit dem Haushalt, du musst dich noch schick machen«, sagte Lara.

Sie hatte recht, ich war gar nicht ausgehfertig und musste schließlich noch saugen und den Geschirrspüler ausräumen.

»Ahhhh, ich treffe mich heute mit Mark«, sang ich ins Telefon und legte auf.

»Wer ist Mark?«

Meine Ohren wurden heiß. Ich drehte mich um. Kennst du das Gefühl, wenn du denkst, du hast dein Handy oder deine Geldbörse verloren, und dir ganz plötzlich heiß wird und du völlig geschockt bist? So fühlte ich mich in dem Moment, als mir bewusst wurde, dass ich vergessen hatte, meine Zimmertür zu schließen. Meine Stiefmutter lehnte im Türrahmen. »Möchtest du uns etwas erzählen?«, ergänzte sie.

Mir war sofort klar, dass sie eine Vorahnung hatte und dass Leugnen jetzt völlig sinnlos gewesen wäre.

»Ähm, ja. Also, Mark ist von meiner Schule und er will mich näher kennenlernen. Also, so datemäßig«, gab ich von mir. Mir wäre es lieb gewesen, wenn meine Stiefmutter nichts dazu gesagt hätte oder mit einem »Okay« wieder aus meinem Zimmer verschwunden wäre.

Stattdessen schaute sie mich mit hochgezogenen Brauen an. »Findest du nicht, dass du darüber auch mit deinem Vater reden solltest?«, fragte sie mit verschränkten Armen, noch immer im Türrahmen stehend.

Ihre Frage klang eher nach einer Aufforderung als wirklich nach einer Frage. Es gäbe sicher viele Dinge, über die ich mit meinem Vater reden sollte. Wie ist das Rezept für seine zauberhafte Zucchinipfanne? Warum mussten es die Zweitnamen Ralf und Josef für mich sein? Ich hätte Richard und John passender gefunden. Ich glaube, in diesem Moment wurde mir wirklich bewusst, dass ich nie mit meiner Familie über Gefühle oder Gedanken gesprochen hatte. So was hatte ich immer mit mir selbst ausgemacht. Weinen war bei uns daheim immer ein Zeichen von Schwäche gewesen. Für was würde wohl Homosexualität stehen? Doppelschwäche? Schwäche zum Quadrat? Die Wurzel allen Übels? Na, das würde

ja spannend werden, wenn ich meinem Vater meine Regenbogen-
welt eröffnete.

»Mache ich, wenn ich heute Abend wieder da bin«, nickte ich
meiner Stiefmutter zu.

Sie verschwand. Sie wirkte zufrieden.

Das Treffen mit Mark war ganz in Ordnung, ich konnte mich allerdings nicht so recht darauf einlassen, weil ich in meinem Kopf
die ganze Zeit damit beschäftigt war, mich vor meinem Vater zu outen. Dieses Coming-out wäre zwar nicht wirklich erzwungen, dennoch fühlte ich mich unter Druck gesetzt. Wenn ich es heute nicht
machte, würde es ganz sicher meine Stiefmutter machen. Oder sie
würde mich fragen, wie mein Date war, und dann wäre ich in Er-
klärungsnot, weil ich dann vor allen darüber sprechen müsste und
nicht mit meinem Vater unter vier Augen.

Mein Vater saß auf dem Sofa, als ich heimkam. Er hatte den Fernseher an und schaute eine Realitysoap. Während eine wohlha-
bende mit einer weniger wohlhabenden Familie auf irgendeinem
Privatsender im TV gerade ihr Leben tauschte, wünschte ich mir,
auch ein Teil davon zu sein, anstatt jetzt vor meinen Vater meine
Gefühle beichten zu müssen. Liebend gerne würde ich mich an der
Seite von Cordula über die Missstände in Jasmins Wohnung aufre-
gen, weil sich nicht nur Staub in den Ecken türmte, sondern sich
auch Schimmel im Bad breitmachte. Das Einzige, was sich bei mir
breitmachte, waren mein Vater auf dem Sofa und großes Unbehagen in meinem Körper.

»Du, Papa, können wir kurz reden?«, fragte ich ihn leise.

»Jop!«, entgegnete er, ohne seinen Blick von der Sendung ab-
zuwenden. Jasmin bekam derweil ganz große Augen, denn in Cor-
dulas Badezimmer befand sich neben der Regendusche auch noch
eine Wanne mit Whirlpool-Funktion. »Da werde ich heute mal ab-
tauchen!«, witzelte sie, während sie in die Kamera grinste. Ab-
tauchen wollte ich auch gerne. Vielleicht auch ins Ausland flüch-

ten und ein neues Leben beginnen. Ich eilte in die Küche und schnappte mir zwei Bier aus dem Kühlschrank. Mein Vater trank gerne mit seinen Kumpels oder den Nachbarn ein Bier, wenn sie über die Arbeit oder ihre Frauen lästerten. Ich stellte die kühle »Hopfenlimo«, wie mein Papa es gerne nannte, auf den Tisch und nahm die Fernbedienung in meine Hand. Gerade als Cordula mit einem weißen Handschuh über die Türrahmen wischte (*OMG, ja, es ist dreckig bei Jasmin, aber man kann auch übertreiben, du reiche Trulla!*), stellte ich den Fernseher auf stumm.

»Ich bin schwul.«

Huch?! So war das nicht geplant. Ich hatte mir doch fest vorgenommen, die Sache etwas einzuleiten und zu umschreiben. Ich denke nicht, dass es daran lag, dass ich so enttäuscht von Cordula war, die am Anfang noch so sympathisch wirkte, sondern dass es viel mehr mit der fehlenden Kraft zusammenhing. Wie viele Outings musste ich noch haben, bis ich ganz normal leben konnte?

»Hast du mir noch etwas Neues zu erzählen?«, entgegnete mein Vater, nachdem er einen Schluck aus der Flasche genommen hatte. Sein Blick war nach wie vor zum Bildschirm gerichtet.

»Ähm ... nein, das war's eigentlich«, sagte ich verwundert. Meine Stiefmutter hatte sicher mit ihm geredet. Vielleicht hatte er auch etwas geahnt. Ich wollte die Antwort gar nicht wissen. Ich entmutete den Fernseher und setzte mich neben meinen Vater.

»... schon lange nicht mehr den Haushalt gemacht! Ich breche das Experiment ab«, krähte Cordula aufgebracht. Sie sah aus, wie ich mich fühlte: erschöpft, aber irgendwie erleichtert.

»Wir werden dir zukünftig dann auch nur noch die Haushaltsaufgaben geben und nichts Handwerkliches mehr«, witzelte mein Vater und zwinkerte mir zu.

Ich lächelte. Wenn seine Art, damit umzugehen, war, meine Sexualität mit klischeehaften Witzen zu überspielen, dann war es etwas, womit ich leben konnte. Es war besser, als dafür auf die Straße gesetzt zu werden. Mein Vater konnte diese Art Witze übrigens bis zu meinem Auszug nicht lassen. Ich denke, es waren die

Unsicherheit und das fehlende Feingefühl, was man beides nun einmal hat, wenn man nie über Gefühle oder Gedanken spricht. Zu allem Überfluss stellte mein Vater mich neuen Leuten auch immer direkt als sein schwules Kind vor: »Das ist mein ältester Sohn, Tommy, er ist schwul.«

Danke, Papa, bitte erwähne noch, dass ich laktoseintolerant bin und dass ich mit fünf noch ins Bett gemacht habe, um es besonders unangenehm zu machen, wenn ich deine Arbeitskollegen kennenlerne.

Diese »Neckereien« sorgten dafür, dass ich mir ein dickes Fell zulegte. Ein schickes Nervenkostüm aus Drahtseilen, das mich selbstbewusster und stärker machte. Ich distanzierte mich mehr und mehr von meiner Familie, denn sowohl meine Stiefmutter als auch mein Bruder mischten fleißig mit bei den »lockeren Sprüchen« meines Vaters.

Hier war ich also. Der schwule, selbstbewusste Tommy. Schwuselommy. Und ich war nicht nur das, denn ein Gutes hatte diese Phase voller Dates, unangenehmem Schweigen, Pornodebakeln und dem seltsamen Outing. Ich konnte nun viel offener daten, musste mir keine Ausreden mehr ausdenken und wusste: Lange würde ich nicht mehr zu Hause wohnen.

SCHWULE NACHTEILE IM JOB

Du kennst das, du wachst morgens auf und stellst fest, dass du gar nicht als Friseur oder Musicaldarsteller in den Tag startest. Ganz im Gegenteil, deine Haare sehen aus wie Kraut und Rüben und besonders grazil ist dein Schlurfen ins Bad auch nicht. Und schlimmer noch ist die Erkenntnis, du könntest gar nicht einfach so von zu Hause ausziehen, denn ... du hast gar keinen Job. Ohne Job kein Geld. Ohne Geld keine Wohnung. Genau so ging es mir. Menno. Brauchte ich als Schwuler jetzt nicht auch einen schwulen Beruf? Es reichte offenbar nicht, dass ich mich gestresst hatte, den Partner fürs Leben zu finden. Nein. Plötzlich sollte ich wissen, mit welchem Beruf ich den Rest meines Lebens verbringen wollte.

Woher sollte ich denn wissen, was mir in zehn Jahren noch Spaß machen würde? Mir gefielen teilweise heute schon nicht mehr die Dinge, die ich gestern noch gemocht hatte. Lakritzkonfekt zum Beispiel! Fand ich gestern noch super. Und woher sollte ich wissen, wo meine Talente liegen? Ich konnte besonders gut Dates verprellen, war recht trinkfest und hatte mich bereits das ein oder andere Mal zum Feiern heimlich aus meinem Elternhaus geschlichen. Aber wenn ich bei der Berufsberatung diese Fähigkeiten angeben würde, käme sicher kaum mehr als ein Augenrollen und ein müdes Lächeln als Antwort.

»Ach, Herr Tommy, natürlich haben wir da was für Sie: Die Eltern der Schülerinnen und Schüler des einzigen Eliteinternats in der Stadt haben sich zusammengeschlossen und entschieden, dass Partys für schlechte Noten sorgen. Sie wollen daher ihren Kindern verbieten, an solchen Freizeitbeschäftigungen teilzunehmen. Außerdem darf niemand am Internat mehr Alkohol konsumieren oder Musik hören. Für diese Aufgaben wird nun Ersatz gesucht. Da mussten wir an Sie und Ihre Talente denken! Sie müssten jeder Einladung zum Feiern nachkommen und hätten die Pflicht, diese auf einschlägigen sozialen Plattformen zu dokumentieren. Wären

Sie diesem Job gewachsen?«, würde mich Frau Zopf-Schlütermann von der Bundesagentur für ausgefallene Tätigkeiten fragen, deren einzige Aufgabe es ist, sich neue Berufe auszudenken. »Executive Celebration Manager oder auch Partymeister für die Reichen wäre Ihre Jobbezeichnung«, würde sie nickend ergänzen. »Nicht zu vergessen, dass Sie der Job reich und schön macht!«

Es wäre schön, wenn es so einfach wäre. Anderen schien es zu gelingen. Keine Ahnung, ob sie des Nachts von einer Berufsmuse geküsst wurden oder eine Erleuchtung bei einem Praktikum hatten. Warum fiel es anderen nur so leicht, sich auf einen Job festzulegen? Alle meine Mitschülerinnen und Mitschüler schienen voll den Plan zu haben.

Ich dagegen war ohne Plan und ohne leiseste Ahnung. Normalerweise fiel mir in solchen Momenten ein Spruch von meinen Großeltern ein. Irgendwas Abgedroschenes, nach dem man eigentlich die Augen verdreht und »Oh Mann, Oma« seufzt. Aber das Einzige, das mir in dieser Situation einfiel, war, dass mein Opa mir geraten hatte, Fernsehtechniker zu werden. »Im Fernsehen steckt Geld. Das Fernsehen bleibt«, hatte er immer gesagt, als ich noch klein war, und währenddessen an seinen vielen Geräten herumgeschraubt, die er sammelte und aufmotzte. Netflix läuft zwar auch auf einem Fernseher, richtig – aber TV-Bastler konnte ich so was von ausschließen. Technik war nicht so meins. Meine Allzweckwaffe für jedes technische Problem war aus- und einschalten.

Mein Vater hatte auch immer einen Berufswunsch für mich. Er wollte eigentlich, dass ich Zahnarzt werde, weil man »mit diesem Beruf richtig viel Kohle machen kann«. Nur gab es da ein Problem:

Ich mach das auf keinen Fall.
1. hatte ich keine Lust zu studieren,
b) ich konnte kein Blut sehen,
und als letzten Punkt möchte ich anmerken, dass ich eine
Abneigung gegen ungepflegte Mundräume habe.

Wenn ich eins wirklich wusste, dann, dass ich nicht studieren wollte. Weiter kein Geld verdienen und zu Hause wohnen bleiben? Ohne mich!

»Und wie wäre es, wenn du reich heiratest oder berühmt wirst?«, scherzte Lara, als ich ihr von meinem Plan erzählte, mir einen Job zu suchen. Eigentlich sollten wir eine Präsentation für Politik vorbereiten, aber stattdessen saßen wir in der Bibliothek und surften im Internet.

»Glaub mir, wenn berühmt zu werden eine Option wäre, würde ich direkt unterschreiben«, entgegnete ich und scrollte weiter auf der Seite der Bundesagentur für Arbeit.

»Hol dir doch einen Sugardaddy«, schmunzelte sie. Keine Ahnung, was sie damit meinte. Mein ratloses Gesicht sorgte dafür, dass sie mit den Augen rollte und sich räusperte. Ich wusste sofort, dass sie nun mit einer Definition wie aus dem Lexikon aufwarten würde. »Sugardaddy ist eine Bezeichnung für Männer, die eine oft lange und nicht zwingend rein sexuelle Beziehung zu eher jüngeren Partnerinnen oder Partnern unterhalten. Sie erhalten dafür in der Regel materielle Gegenleistungen.« Sie lachte herzhaft und rückte näher an meinen Bildschirm heran.

Danke, aber nein danke.

Gemeinsam mit Lara klickte ich mich durch die verschiedenen Jobs und besprach mit ihr zu allen Angeboten die Vor- und Nachteile.

Nach langem Hin und Her und ohne weitere Optionen zum Prokrastinieren entschied ich mich schließlich für eine Zukunft als Hotelkaufmann. So schlimm konnte das ja nicht werden, dachte mein naives junges Ich. Also fing ich an, mich zu bewerben, blieb aber weiterhin in der Schule, obwohl ich eigentlich schon damit abgeschlossen hatte. In der elften Klasse war ich zu meiner Überraschung gar nicht mal so schlecht gewesen. Doch die zwölfte Klasse war wie Daniel damals: Sie stellte nervige Fragen, die keiner beantworten konnte, und machte mir das Leben zur Hölle!

Ich hatte keine Ahnung, was plötzlich passiert war, aber der Schwierigkeitsgrad war mit dem neuen Schuljahr mindestens hoch drei genommen, verdoppelt und dann durch null geteilt worden. Ich checkte nichts mehr. Vor allem in Mathe! Mir fehlte komplett das Grundwissen für viele Fächer, und die Klasse zu wiederholen, war für mich keine Option. Für meine Lehrerinnen und Lehrer war das total in Ordnung. Sie stellten mich sogar frei, wenn ich mal ein Bewerbungsgespräch hatte. Erlaubtes Fehlen! Was konnte schöner sein, wenn man noch zur Schule ging? Irgendwann war es dann so weit und ich sollte mein Bewerbungsgespräch bei meinem zukünftigen Arbeitgeber haben.

Ich war so aufgeregt. Ich stellte mir die Frage, wie viel man eigentlich schwitzen kann, bevor man völlig dehydriert ist. Gut, dass ich ein Wechselhemd dabeihatte, denn Nummer eins war schon hinüber. In einem kleinen Nebenraum saß ich am Schreibtisch und wartete, bis jemand zu mir kam. Ich zappelte ein bisschen mit meinen Beinen herum, hörte aber sofort auf, als meine Gesprächspartnerin den Raum betrat und sich gegenüber von mir hinsetzte. Sie war unglaublich jung. Ich war direkt neidisch, dass so eine junge Person schon so eine Position bekleidete. Sie wusste sicher schon im Kindergarten, was sie später beruflich machen wollen würde. Sie war nicht viel älter als ich ... vielleicht war sie aber auch vierzehn? Ich schätzte, dass sie als Hochintelligente gerade mit ihrer Ausbildung fertig war. Aber auch wenn wir quasi irgendwie eine Generation waren, wurde ich nicht lockerer. Ich war eher total überfordert mit der ganzen Situation, sodass ich anfing zu lügen. Ich schwärmte schon von dem Beruf des Hotelkaufmanns, bevor ich überhaupt den Hauch einer Ahnung hatte, was genau das Berufsbild überhaupt mit sich brachte.

»Ich wollte schon immer in einem Hotel arbeiten«, redete ich ihr und mir ein, »meine Tante hat auch ein Hotel.« Ich hielt sofort die Luft an und riss kurz die Augen ein bisschen zu weit auf. Ich war schockiert von mir selbst. Meine Tante hatte überhaupt kein Hotel. Sie arbeitete nicht mal in der Branche. Ich redete mich hier gerade um Kopf und Kragen. Also entweder würde ich dieses Thema zukünftig konsequent meiden oder ich müsste ab jetzt mein Berufsleben auf einer Lüge aufbauen. Schon wieder! Weil das ja auch bisher immer so super funktioniert hatte. Zum Glück sagte ich nicht aus Versehen, dass ich verheiratet war und ein Kind hatte. Finde mal Schauspieler, die so flexibel sind, dass sie für immer deine Familie spielen können.

Ich versuchte mir nicht anmerken zu lassen, dass ich gerade eine dicke, fette Lüge rausgehauen hatte, mit der ich mich in einem besseren Licht darstellen wollte. Wie peinlich. Vielleicht hatte ich ja Glück und sie dachte, ich hätte nur eine Wespe verschluckt und deshalb so die Augen aufgerissen. Wenn ich es richtig gut anstellte, könnte ich auch einen allergischen Schock vortäuschen und damit das Gespräch vorzeitig beenden. Am liebsten hätte ich mir meine Hand auf die flache Stirn geschlagen, aber ich formte nur kurz eine Faust und schlug mir die in meiner Vorstellung gegen den Kopf.

Während ich ihr weiter gebannt lauschte, um mich interessiert für den Job zu geben, fiel mir immer wieder ihr Piercing auf, während sie sprach. Krass, dass sie mit zehn schon ein Piercing hatte! Es war ein Lippenbändchen-Piercing, das man nur sah, wenn sie lächelte. Kurz leuchteten vermutlich auch meine Augen auf, denn für mein Bewerbungsfoto und für das Gespräch hatte ich das seitliche Lippenpiercing kurzzeitig entfernt, das ich mir ein paar Monate zuvor hatte stechen lassen.

»Ich hab eigentlich auch ein Piercing, darf man hier tatsächlich welche tragen?«

Sie schaute kurz auf, nachdem sie sich eine Notiz gemacht hatte, und antwortete mit einem knappen »Nein, ist nicht erlaubt«. Dann senkte sie erneut ihren Blick und schrieb weiter irgendetwas für den Chef. Ich weiß nicht, warum, aber irgendwie machte es mich sauer, dass sie mit ihren acht Jahren ein Piercing trug und ich keins tragen durfte. Ich würde mich wohl von meinem Piercing verabschieden müssen, auch wenn ich eigentlich nicht wollte. Was tat man nicht alles für eine eigene Wohnung und die Unabhängigkeit.

Ob es jetzt das »Hotel« meiner »Tante« war oder meine enthusiastisch vorgespielte Begeisterung für den Beruf, offenbar hatte ich überzeugt, denn kurz danach hatte ich noch ein persönliches Gespräch mit meinem zukünftigen Chef. »Nun, Tommy, willkommen in meinem Hotel. Ich bin überzeugt, dass Sie die Ausbildung mit Bravour meistern werden. Ich hab ein Händchen für gute Leute«, versicherte er mir während des finalen Recalls und klopfte mir dabei väterlich auf die Schulter. *Gut, wenigstens einer, der überzeugt war,* dachte ich, und so begann meine Zeit als angehender Hotelkaufmann. Mann, war ich aufgeregt. Mein erster Job. Das war also dieses Erwachsensein, von dem alle immer sprachen. Ich hätte es mir trotzdem offizieller vorgestellt, mit Konfettikanonen, Fanfaren und Prosecco. Wenn ich geahnt hätte, dass die Eintrittskarte für dieses Leben meine Lohnsteuerkarte war, hätte ich Widerspruch eingelegt und von meinem Umtauschrecht Gebrauch gemacht.

Dennoch hatte ich jetzt einen Job und etwas Geld, um auszuziehen. Also, lehn dich zurück, hol deinen Lieblingstee und lausche ... ähm, *lies* meinen ultimativen Spoiler, denn ich blieb nur sechs Monate in dem Hotel. Neben einem sehr triftigen Grund merkte ich relativ schnell, dass der Beruf nichts für mich war und mir keinen Spaß machte. Mir lagen die Tätigkeiten einfach nicht und jeden Tag versuchte ich mir verkrampft einzureden, dass es ja doch irgendwie, irgendwo, irgendwelche Dinge in dem Beruf geben müsste, die selbst mir Spaß machten. Die Mittagspause zum Beispiel. Oder der Feierabend. Den mochte ich auch gern!

Während meiner kurzen Zeit durfte ich überall mal reinschnuppern: Ich schaute anderen viel über die Schulter, arbeitete aber auch selbst an der Rezeption und empfing Gäste. Aber für meinen Chef war das Wichtigste vor allem das Frühstück oder, wie er es nannte, die »Raubtierfütterung«. Viel zu oft wiederholte er seinen eigenen Merksatz: »Nur ein satter Gast ist ein guter Gast.« Meist fügte er direkt noch ein »Denkt an meine Worte« hinzu. Diesen Zusatz sagte er sowieso viel zu oft, denn Unrecht zu haben lag nicht in seiner Natur. Abgesehen vom Frühstück hatte ich weitere Aufgaben, wie das Kontrollieren, ob die Zimmer sauber waren und alles an seinem Ort war. Zugegebenermaßen machte mir das tatsächlich etwas Spaß, denn ich mag Ordnung und Sauberkeit. Aber das reichte natürlich nicht, um circa drei Jahre Ausbildung zu überstehen. Ordnung und Sauberkeit kann man auch zu Hause haben. Und wenn nicht gerade Messe war, war sehr wenig bis gar nichts zu tun. Die Zeit lief in diesen Momenten rückwärts. Aber weil ich die Ausbildung nun mal angefangen hatte, wollte ich sie auch durchziehen. Andere schafften es ja auch, die Zeit hinter sich zu bringen, und es gab womöglich keinen Azubi und keine Azubine, die ihre Ausbildung total super fanden. Also, Augen zu und Zähne zusammenbeißen, Tommy. Irgendwie würde ich die Zeit schon hinter mich bringen können.

Zu Beginn der Ausbildung hatte ich parallel noch ein anderes Projekt am Laufen, das mir die Freude gab, die ich auf der Arbeit nicht hatte. Ich hatte die Schule zwar mitten im Jahr abgebrochen, aber ich durfte ein Schulfach trotzdem weiter besuchen: Darstellende Künste. Oder kurz Theater. Ich hatte mit meiner Schule geregelt, dass ich weiter die Hauptrolle in dem Stück *Die Welle* besetzen durfte. Damit hatten sie mir eine große Freude bereitet – und sich selbst sehr viel Arbeit erspart, denn es gab keine Zweitbesetzung. Wir steckten schon mitten in den Proben und ich hatte irre viel Lust. Und wenn nicht gerade Messe war, hatte ich auch Zeit. Deswegen verbrachte ich meine Zeit bis zur großen Schulpremiere mit Textlernen und Proben. Sogar heimlich auf der Arbeit. Mein Anspielpartner die Duschbrause und ich. Allein das war mindestens Standing Ovations und ein, zwei Nominierungen für den Oscar wert. Oder gab es dafür den Tony Award? Egal, Hauptsache, ein Männervorname! Das Üben sollte sich lohnen, denn das Theaterstück lief großartig. Es gab zwar keine Preise, aber ich war mir sicher, die waren nur in der Post verloren gegangen.

Jetzt könnte man meinen, dass ich doch alles irgendwie im Griff hatte. Also ja, die Ausbildung war meistens langweilig und traf meine Interessen wenig bis gar nicht, aber wenn es nur das gewesen wäre, hätte ich die Hotelnummer sicherlich trotzdem durchgezogen. Es war aber nicht nur das, viel schwieriger an meinem Arbeitsverhältnis fand ich meinen schrecklichen Chef.

Dieser Mann, ich nenne ihn mal Werner Maschek, war sehr speziell und er schaffte es, dass ich mir zum ersten Mal Gedanken wegen meiner Sexualität auf der Arbeit machte. Zuvor wäre es mir nie in den Sinn gekommen, auch nur ansatzweise zu überlegen, ob man mich anders behandeln oder benachteiligen könnte. Ich war davon ausgegangen, dass ich behandelt würde wie alle meine Kollegen und Kolleginnen auch. Es gab ja auch keinen Grund, etwas anderes anzunehmen. Ich hatte die Rechnung aber ohne den Endboss gemacht.

Mein Chef war mir von Anfang an nicht geheuer. Zuerst dachte ich, er sei ein netter älterer Herr, der seinen Job einfach zu sehr liebt. Er war weit über sechzig Jahre alt und wohnte im Hotel. Ja, richtig: Er *wohnte* im Hotel. Er war somit ein bisschen der Udo Lindenberg der Hotelbranche. Was am Anfang vielleicht seltsam, aber liebenswert wirkte, entpuppte sich einfach als purer Kontrollzwang. So hatte er nämlich immer alles im Blick und bekam wirklich alles mit, was im Hotel passierte. Für meine Kolleginnen schien das alles völlig normal zu sein, denn niemand kommentierte dieses Verhalten oder seine Art. Vielleicht hatten sie auch einfach nur Angst davor, ihren Job zu verlieren oder Herrn Maschek zu verärgern, und kümmerten sich deshalb eher um ihre eigenen Dinge.

»Lassen Sie mich mal, ich bin Experte auf dem Gebiet«, konnte man im Schlaf mitsprechen, wenn er dem Gesagten nicht glaubte und lieber selbst nachlas. »Tommy, wo waren Sie vorhin? Ich hab Sie fünf Minuten gesucht« durfte ich mir auch regelmäßig anhören, wenn ich auf dem Klo war. Und wehe, der Taschenrechner war nicht an seinem Platz. »Der wurde bestimmt vom Putzpersonal geklau– Ach, da ist er ja.«

Unser Chef war nie gemütlich unterwegs, sondern war stets im Anzug zu sehen, auch wenn man ihm frühmorgens sein Spezialfrühstück an die Tür brachte. Das war wohl einer der Vorteile, vor Ort zu wohnen, denn das Frühstück war inklusive. Bis acht Uhr musste man auf einem Tablett einen frisch gepressten Saft aus zwei Orangen und einer halben Grapefruit sowie Kaffee in seiner silbernen Kaffeekanne vor seiner Zimmertür abstellen. Man klopfte dreimal an der Tür, damit er Bescheid wusste, und ging dann. Ehrlich gesagt fehlte nur noch der Hofknicks. Keiner hatte ihn jemals im Pyjama oder in Jogginghose gesehen. Womöglich hatte er sich in seinen Anzug nähen lassen, damit er ihn immer tragen konnte. Seine blond-graue Wirbelfrisur erinnerte irgendwie an Donald Trump. Wenn er nervös war, fuhr er sich immer durchs Haar, ordnete danach aber alles wieder. Meistens stand trotzdem noch eine Strähne ab, was mich immer an Alfalfa aus *Die kleinen Strolche* erinnerte. Manchmal fragte ich mich, ob er mit seiner kleinen Haarantenne auch diverse Radiosender empfangen konnte. Sein Haartick machte ihn aber nicht knuffig oder netter, denn was ihn Donald Trump noch ähnlicher machte, war seine Art und Weise, mit Menschen umzugehen. Er war übermäßig selbstbewusst, aber hinter dieser Fassade war nicht viel zu finden. Trotzdem behandelte er viele Menschen, vor allem seine Angestellten, von oben herab. Das alles machte ihn insgesamt zu einem Chef, bei dem man sich freute, wenn er mal nicht da war.

Leider verging kaum ein Tag, an dem er nicht arbeitete. Nachdem er um acht Uhr sein Spezialfrühstück entgegengenommen hatte, war er spätestens um zehn Uhr im Büro. Wobei sein »Büro« lediglich aus einem Tisch in der Nähe der Rezeption bestand. Von dort aus machte er Papierkram, beobachtete den Hotelbetrieb und ging seinem Kontrollzwang nach. Ich hatte oft den Eindruck, dass er gar nicht viel zu tun hatte, sondern vor allem aus Neugierde in der Hotel-Lounge herumlungerte.

Für mich wurde es bald eine Nervenprobe, ihn so oft um mich zu haben, und das nicht nur, weil ich mich ständig kontrolliert fühlte. Er behandelte mich anders als die anderen.

Ich hatte fast ausschließlich Kolleginnen – abgesehen von einem männlichen Kollegen, der aber fast nur in der Nachtschicht arbeitete. Mein Chef sprach alle höflicherweise mit dem Nachnamen an, mich als Einzigen mit dem Vornamen. Das fand ich immer seltsam, fragte aber nie nach dem Grund. Nachdem ich von meinem Urlaub zurückkam, veränderte sich einiges ohne erkennbaren Grund. Als gäbe es plötzlich einen neuen Schwierigkeitsgrad in diesem Augmented Reality Game namens »Ausbildung«. Ab dem Zeitpunkt, von dem an ich wieder täglich im Hotel war, fragte mich mein Chef jeden Tag: »Wer holt Sie da eigentlich ab, Tommy?« Ich fühlte mich irgendwann wie Bill Murray in *Und täglich grüßt das Murmeltier*, weil auch ich immer und immer wieder dasselbe erlebte. Allerdings begrenzte sich meine Wiederholung auf meinen Chef. War ich vielleicht in einer Dauerschleife gefangen? Irgendwann hielt ich es nicht mehr für unwahrscheinlich, so wie mein Chef ständig nachfragte.

Mein Chef hatte mitbekommen, dass draußen immer ein Auto auf mich wartete, und er war neugierig. Sehr neugierig. Er nervte mich nicht nur, ich fühlte mich auch bedrängt. Denn die Fragen nahmen stetig zu und bohrten immer wieder in meinem Privatleben. Er wollte wissen, ob ich in einer Beziehung oder Single sei, ob ich an jemandem Interesse hätte, wo ich wohnen würde, ob ich mit jemandem zusammenwohnte und wer diese Person sei, die mich da immer abholte.

Es graute mir jeden Tag davor, ihn wieder zu sehen. Ich hörte förmlich seine Stimme und seine neugierigen Fragen, noch bevor ich einen Schritt ins Hotel machte. Wie eine Stimme des Grauens hallte sie noch lange nach. Deswegen versuchte ich irgendwann, den Kontakt auf ein Minimum zu reduzieren. Man muss kein Mathematikgenie sein, um zu wissen, dass die Wahrscheinlichkeit recht hoch war, ihm doch ständig über den Weg zu laufen. Der Mann wohnte an meinem Arbeitsplatz und konnte mit seiner Antenne wahrscheinlich schon Tage, bevor ich das Hotel betrat, meine Ankunft empfangen. Meine Kolleginnen wiederum wurden ganz schnell auch privat zu meinen Freundinnen und sie wussten, dass ich schwul war. Es war mittlerweile auch kein Problem mehr, mich meiner Familie und meinen Freundinnen und Freunden anzuvertrauen. Aber öffentlich? Es Fremden sagen? Das ging nicht. Dafür hatte ich einfach nicht das nötige Selbstbewusstsein.

Ich hatte noch nicht mal mit meinem Freund (zu dem wir zu einem späteren Zeitpunkt noch kommen werden) in der Öffentlichkeit Händchen gehalten, und dann sollte ich meinem Chef einfach so sagen, dass ich schwul und dass das mein Freund war, der mich immer abholte? Es stand nirgendwo in meinem Vertrag, dass ich das müsste. Oder hatte ich neben meiner Steuernummer auch mein Recht auf Privatsphäre abgegeben? »Verzeihung, Tommy, aber auf der Rückseite des Arbeitsvertrags müssen Sie noch Ihre sexuelle Orientierung, Ex-Partner und den aktuellen Freund eintragen, sonst muss ich täglich nachfragen«, hätte Herr Maschek bestimmt am liebsten am Tag meiner Einstellung sagen wollen. Deswegen sollte man immer das Kleingedruckte lesen, würde mein Opa sagen. Meine Kolleginnen hatten diesen Paragrafen bestimmt durchgestrichen und wurden deswegen nicht ständig bedrängt. Das ergab auf jeden Fall sehr viel mehr Sinn, als dass mein Chef einfach nur ein Problem mit mir hatte. Nichtsdestotrotz konnte und wollte ich ihm nicht sagen, dass ich einen Freund hatte und somit – tada! – schwul war. Mal abgesehen davon, dass es ihn ja auch nichts anging. Wurde bei Heteros auch so ein Ding draus gemacht? Wurde Heike je zur Seite genommen? »Frau Bayer, mit wem schreiben Sie da eigentlich immer SMS? Ist das Ihr Mann?« Übergriffig würde das Heike nennen. Deswegen war das alles auch für mich meine Privatangelegenheit. Aber für meinen Chef war das Thema nicht durch.

Während ich versuchte, ihm weiter aus dem Weg zu gehen, hatte ich das Gefühl, dass er immer mehr Kontakt suchte. Denn seine Neugierde wurde durch meine Verschwiegenheit nicht befriedigt. Dabei gab ich ihm eigentlich schon Antworten. Herr Maschek war aber offensichtlich nicht zufrieden damit, denn ich variierte meine Aussage jeden Tag. Mal war es eine Freundin, mal ein Kumpel und mal mein Vater, die mich abholten. Daraufhin bat ich meinen Freund, etwas weiter weg zu parken, damit mein Chef nicht sofort das immer gleiche Auto sah. Aber das half nicht, denn er hatte einen hinterlistigen Trick gefunden, um herauszufinden, ob es tatsächlich immer das gleiche Auto war. »Werden Sie wieder vom hellblauen Corsa mit der abgebrochenen Antenne abgeholt? Ich seh den ziemlich oft.«

Ich fühlte mich bei dieser genauen Beschreibung ertappt, und so wusste er, dass es der Corsa war, der mich abholte.

»Also doch von der gleichen Person. Tommy, flunkern Sie? Schämen Sie sich?«

Ich rang nach Worten. Hier entstand wahrscheinlich meine berühmt-berüchtigte Ausrede: »Ich muss los. Ich hab noch Wurst im Auto.« Das wäre eigentlich eine witzige Anekdote, aber zum Lachen war mir nicht zumute. Deswegen lachte ich künstlich auf, wünschte Herrn Maschek einen schönen Feierabend und verschwand zum hellblauen Corsa.

Mein Chef versuchte nun vermehrt über den beruflichen Weg, Momente zu schaffen, in denen wir allein waren. Das ging zum Glück nicht immer, doch es gab einen Anlass, bei dem man zu zweit mit ihm sein musste: den Hoteleinkauf. Der war einmal Pflicht während der Ausbildung. Ich redete mir ein, dass ich es einmal schon durchstehen würde. Ganz klar nach meinem »Augen zu und durch«-Prinzip.

Als der Tag dann kam, war ich hoch motiviert. Ich wollte mir alles aufschreiben, damit der Termin nicht unnötig länger dauerte und ich im Nachgang keine weiteren Fragen stellen musste. Wir saßen also da. In diesem kleinen stickigen Raum, in dem ich schon zuvor mein Bewerbungsgespräch mit der Vorschülerin hatte. Wir schrieben auf, welche Produkte in den nächsten Tagen im Hotel benötigt würden. Immer wenn ich nur den kleinsten Fehler machte, stieß mein Chef ein »Nun reißen Sie sich mal zusammen!« aus, dicht gefolgt von einem »Stellen Sie sich privat auch so an?«, mit der neugierigen und ekelerregenden Ergänzung: »Was machen Sie eigentlich so privat?«

Zwanzig unfassbar lange Minuten saßen wir viel zu nah nebeneinander. Es war vergleichbar mit der unangenehmen Nähe im überfüllten Bus, wenn sich der Schenkel deines Sitznachbarn an deinen drückt und du gebannt aus dem Fenster starrst, in der Hoffnung, dass die Person neben dir endlich aussteigt. Wenn man richtig viel Glück hat, sitzt noch gleichzeitig jemand hinter einem, dessen heißen Atem man im Nacken spürt. Busfahren. Fun times!

Ebenso spaßig war auch das unfreiwillige Treffen mit meinem Chef. Es war eine Mischung aus Wissensvermittlung und unerträglicher, neugieriger Fragerei. Ich kam mir vor wie bei *Wer wird Millionär*, nur dass mir keine Million Euro nach elendig langen Fragerunden sicher war. Ich versuchte, höflich zu bleiben und immer schnell abzulenken, damit mein Chef vergaß, was er gerade gefragt hatte. Da ich davon ausging, dass er ein Gedächtnis wie ein Goldfisch hatte, erschien mir die Taktik durchaus sinnvoll. Aber Herr Maschek wusste immer ganz genau, was er zuvor gesagt hatte. Er war ein cleverer Goldfisch. Man hätte zwischendurch semigut jonglieren und dazu jodeln können, Herr Maschek fand immer zu seinem letzten Gedanken zurück.

Nach diesen endlosen zwanzig Minuten war die Tortur immer noch nicht vorbei. Denn nun fuhren wir in seinem Auto zum Großhandel und kauften ein. Er versuchte zwar, bei mir zu bleiben, aber ich verfolgte die gute alte Horrorfilmdevise: »Wenn wir uns aufteilen, sind wir schneller.« Unbewusst hegte ich bestimmt die leise Hoffnung, dass nur einer als Held des Horroreinkaufs den Großhandel verlassen würde. Und zwar ich. Ein Happy-Horror-End. Nur leider waren wir in keinem Horrorfilm. Nicht offiziell. Für mich war es subjektiv gesehen mein persönlicher Horrorfilm, nur ohne Drehpause oder kostenloses Catering. Aber das Gute an all dem Schrecken war, dass mich der Großhandel mit seinen überproportionalen Größen und hohen Regalen faszinierte. Hier fühlte ich mich wie ein Zwerg. Das war ein kleines Trostpflaster für das, was noch kommen sollte.

Leider machte mein Azubi-Streber-Sein überhaupt keinen Eindruck auf meinen Chef. Kein »Das haben Sie gut gemacht, Tommy!« oder »Das nächste Mal schaffen Sie den Einkauf sicherlich allein« – nein! Während meiner kurzen Zeit im Hotel verlangte er, dass wir weitere sechs Mal den Hoteleinkauf zusammen machten. Hatte ich schon erwähnt, dass es eigentlich üblich ist, den Einkauf nur einmal mit dem Chef zu machen? Ja, ich weiß, dass ich das bereits geschrieben habe. Das war eine rhetorische Frage, um zu unterstreichen, wie absurd sich mein Chef verhielt. Sogar für die, die Probleme mit der Aufgabe hatten, wurde eine ältere Azubine als Hilfe eingeplant. Aber bei mir war Herr Maschek sofort mit von der Partie.

»Mach dir keine Gedanken, ich gehe davon aus, dass du vielleicht effizienter bist als die anderen auf der Arbeit und du deshalb öfter eingeplant wirst«, sagte mir Nathalie, als ich sie in meiner Mittagspause ratlos anrief.

»Ich denke, er will mich irgendwie ärgern oder ganz besonders nerven«, schnaubte ich ins Telefon, so als könnte meine beste Freundin irgendwas für die Situation auf meiner Arbeit.

»Versuch, nicht immer alles so schwarzzumalen, Tommy, ganz sicher übertreibst du nur. Warte ab, das legt sich in den nächsten Wochen sicher.«

Seit Nathalie ihren neuen Freund hatte, war sie viel weniger empathisch und meist kurz angebunden, doch ich entschied mich, ihrem Rat zu folgen und abzuwarten.

Herr Matsch-Eck nutzte also auch nach meiner Mittagspause weiterhin jede Möglichkeit, um mich weiter auszuquetschen, meine persönlichen Grenzen zu übertreten und nicht zu akzeptieren, dass ich ihm nicht mein Privatleben anvertrauen wollte. Er hörte einfach nicht auf. Bei meinen Kolleginnen war er nicht so und genau deswegen merkte ich, wie aufdringlich er mir gegenüber war. Zuerst dachte ich, dass es an mir liegen würde, weil ich nichts über mich erzählen wollte. Aber nach und nach wurde es immer deutlicher, dass er mich komplett anders behandelte.

Das fiel nicht nur mir auf. Als meine Kolleginnen und ich eines Abends mal zusammen draußen im Stadtpark saßen und den Feierabend einläuteten, fingen sie an, Witze über meinen Chef und mich zu machen. »Läuft da was zwischen dir und dem Chef, Tommy? Ihr wärt schon ein schniekes Paar«, witzelte Sandra herum, ohne zu wissen, dass mich die ganze Situation extrem belastete. Ich wusste aber auch, dass sie es nicht ernst meinte. Während alle darüber kicherten und den Witz ins Absurde weiterspannen, vertraute ich ihnen erstmals in ernstem Tonfall an, dass es mich nervte, dass ich den Hoteleinkauf schon so oft mit ihm machen musste.

Es wurde plötzlich ruhig und alle schauten mich verwundert an. Alle hatten den Hoteleinkauf nur einmal mit ihm gemacht, wie es auch vorgesehen war. Zudem vertrauten sie mir etwas Unglaubliches an. Hinter meinem Rücken versuchte er, alle über mich auszufragen.

Es war wie ein Schlag in die Magengrube. Hier war nun die Bestätigung: Es war nicht nur Einbildung, was ich fühlte. Es war einfach tatsächlich so. Irgendwie war ich meinem Chef ein Dorn im Auge. Seine tägliche Nachfrage »Wer holt Sie da immer ab, Tommy?« und auch sein pseudonett gemeinter Zusatz »Mir können Sie das ruhig sagen!« hatten etwas anderes zur Grundlage, was ich noch schmerzlich lernen sollte. Herr Maschek wollte von meinen Kolleginnen explizit wissen, ob ich schwul war.

Als ich das hörte, musste ich erst mal schlucken. Mein Chef wollte wissen, ob ich schwul war. Wollte er auch von meinen Kolleginnen und Kollegen wissen, ob sie hetero waren? Oder schwul oder lesbisch? War er bei allen so? Oder nur bei mir?

Die Frage war überflüssig, denn sehr schnell erfuhr ich, dass ich tatsächlich die Ausnahme war. Niemand wurde so durchgehend gepiesackt wie ich. Keiner war interessant genug. Herr Maschek fragte nie heimlich und hinterrücks die Kolleginnen: »Sagen Sie mal, die Sandra, ist die eigentlich hetero? Mir können Sie das ruhig sagen. Ist ja nicht schlimm.« Denn das war nicht spannend genug für Herrn Maschek.

Ich spürte, wie sich ein Kloß in meinem Hals bildete. Unbewusst ballte ich meine Hände zu Fäusten. Mein Chef war interessiert an meiner Sexualität. Mir wurde übel. Ein Mann, der über fünfzig Jahre älter war, wollte wissen, ob ich schwul war. Warum? Was war ihm daran wichtig? Warum wollte ausgerechnet mein Chef das wissen? Und warum ging er zu meinen Kolleginnen, um das zu erfahren?

Nach seiner Frage »Ist Tommy eigentlich schwul?« hatte er hinzugefügt, dass das ja nicht schlimm wäre. Als ob dieser Satz seine Neugierde im Nachhinein irgendwie entschuldigen könnte. Was sollte überhaupt immer dieser unnötige Hinweis? Die Klimakrise ist schlimm. Soziale und gesellschaftliche Ungerechtigkeiten sind schlimm.

Schwul sein? Steht nicht in meinen Top Ten der Schlimmigkeiten.

Als meine Kolleginnen ihn nur angestarrt hatten, kam die Bemerkung, die die Neugierde dieser Welt auf jeden Fall immer und total relativierte und normalisierte (das tut sie übrigens nicht!): »Wissen Sie, ich kenne auch Schwule. Ich habe sogar ein, zwei schwule Freunde.« Na, wenn er so was sagt, dann sieht die Welt natürlich gaaanz anders aus. Mit diesem Freundeskreis hatte man selbstverständlich die hundertprozentige Berechtigung, alles zu fragen, egal, wie unhöflich oder privat es war. Und wer weiß? Vielleicht kannte ich sogar seine ein, zwei schwulen Freunde.

Das erinnert mich übrigens an eine Bekannte, die naiv fragte, ob ich den schwulen Freund ihres Bruders kenne. Erst lachte ich laut auf, doch dann verstand ich, dass die Frage ernst gemeint war. »Nein, Annette, nicht alle Schwulen kennen sich untereinander. Wir sind doch keine Busfahrer!«

Aber genug von meinem Exkurs in Ironie aus Verzweiflung. Obwohl Herrn Mascheks Satz aussehen sollte wie Verständnis, blieb er respektlos. Würde er so etwas auch über Heteros sagen? »Ich hab ja gar nichts gegen Heteros, ich kenne sogar welche. Das sind ganz nette Menschen.«

Ich fasste mir an den Kopf. Wusste mein Chef jetzt, dass ich schwul war? Ohne dass ich die Gelegenheit hatte, selbst etwas zu sagen? Meine Kolleginnen verneinten. Herr Maschek wusste nichts, denn sie hatten gesagt, dass sie mich privat nicht kannten und wir nichts unternehmen würden. Ich atmete kurz auf und war erleichtert.

Da saß ich also im Stadtpark mit Freundinnen, die mich leugneten, um meine Privatsphäre zu schützen. Im Prinzip war ich hier ganz allein. Wie verrückt.

Das musste ich erst mal verarbeiten und sacken lassen. Aber wie? Ich hatte einen Tag frei zwischen den Schichten, aber am liebsten wäre ich gar nicht mehr hingegangen. Ich erlebte eine Wucht aus Emotionen. Ich war sauer und traurig, dass ich diese Erfahrung machen musste. Der Gedanke, wieder ins Hotel zu gehen und meinen Chef zu sehen, war mir unangenehm und zuwider. Aber ich musste ja wieder hin. So schnell würde ich nichts Neues finden und ich brauchte das Geld für die Miete. Ich hatte keinen Plan B. Wie würde das auch aussehen, wenn ich mittendrin die Ausbildung abbräche? Das stünde dann einfach so im Lebenslauf und würde nicht mehr weggehen. Wie ein Tattoo mit einem peinlichen Rechtschreibfehler. Ich würde mich bei jedem neuen Bewerbungsgespräch rechtfertigen müssen und zwangsläufig zugeben, dass ich nicht mit meinem Chef klarkam. Das würde nicht professionell wirken.

Deswegen entschied ich mich, die Zähne zusammenzubeißen. Aber diesmal würde ich meinem Chef meine Meinung sagen. Ich würde ihm sagen, dass er sich danebenbenahm. Ich hatte mir das alles viel zu lange gefallen lassen und es war an der Zeit, dass ich Herrn Maschek einmal höflich, aber bestimmt sagte, dass er damit aufhören sollte. Mir war schon lange nicht mehr zum Scherzen zumute.

So verbrachte ich meinen freien Tag damit, mich innerlich darauf vorzubereiten, zu sagen, was ich dachte. Manchmal auch vor dem Spiegel. Mein Vater hätte wahrscheinlich gesagt, dass ich mich »endlich wie ein Mann« benehmen sollte – und das wollte ich tun. Wobei ich mich schon immer gefragt hatte, was das eigentlich heißen soll. Hatte ich mich vorher unmännlich benommen? Oder hatte ich mich einfach nur nicht getraut? Wenn eine Frau ihre Meinung sagt, benimmt sie sich ja auch nicht plötzlich »wie ein Mann«, sondern vertritt ihren Standpunkt. Redewendungen wie diese sind einfach unglaublich veraltet.

Der nächste Arbeitstag verlief zunächst erstaunlich ruhig. Ich arbeitete an der Rezeption und hatte alles und jeden im Blick. Herr Maschek war nirgends zu sehen. Was sollte das denn bitte? Ich war bereit, ihm meine Meinung zu sagen, und er war weg. Ich schien übernatürliche Fähigkeiten zu besitzen. Schließlich hatte nur der Gedanke an ein Gespräch mit ihm dafür gesorgt, dass er die Flucht ergriff. Und das auch noch eine ganze Weile. Fast hatte ich Bedenken, dass meine Wut bald wieder verpuffen würde, wenn er nicht in den nächsten Minuten auftauchte. Ich fragte mich ernsthaft, ob mein Chef vielleicht heute gar nicht da war. Vielleicht war er auf Geschäftsreise? Vielleicht hatte er selbst festgestellt, was für ein mieser Chef er war, und würde nie wiederkommen?

Pustekuchen. Gegen Mittag betrat er gut gelaunt und in seinem gewöhnlichen Businesslook das Hotel. Er hatte tatsächlich einen Geschäftstermin außerhalb gehabt, von dem keiner etwas wusste. Entgegen meiner Erwartung löcherte er mich jedoch nicht, sondern war den ganzen Tag beschäftigt. Er saß in seinem improvisierten Büro, blätterte wild in Unterlagen herum, schrieb Dinge auf, die er danach wieder durchstrich. Genauso hatte ich in der Schule ausgesehen, wenn ich vor meinen Lehrerinnen und Lehrern so aussehen wollte, als wäre ich gerade mega beschäftigt und hätte überhaupt keine Zeit, mich zu melden. Jeder kennt diese Tricks und Herr Maschek hatte sie professionalisiert. Behaupte ich mal.

War die Fragerei hiermit vorbei? Leise lächelte ich in mich hinein, aber dann kam das, was kommen musste. Herr Maschek stand plötzlich halb angelehnt an der Theke. Ich war wohl gedanklich abgedriftet und hatte ihn nicht kommen sehen. Er schaute mich an. »Träumen Sie vom Feierabend, Tommy?« Er zwinkerte mir zu. Innerlich schüttelte es mich. Wüargh. Ohne dass ich Zeit zum Antworten bekam, fuhr er fort. »Von wem werden Sie denn heute abgeholt, Tommy?«

Es verschlug mir die Sprache. Es gab keine Selbsterkenntnis, keine Diskretion. Im Gegenteil. Er machte einen großen Hüpfer in sein Lieblingsthema und machte dabei eine gewaltige Arschbombe, die nur für ihn cool war. Direkt mit Anlauf rein in die Privatsphäre. Zum Glück war niemand da, denn ich schlug buchstäblich mit der Faust auf den Tisch. Autsch, tat das weh! Aber das durfte ich mir nicht anmerken lassen. Irgendwo musste meine Wut ja hin und meine Geduld war wirklich am Ende. »Herr Maschek, ich möchte nicht mit Ihnen darüber sprechen. Ich will Berufliches und Privates trennen. Danke.« Meine Stimme zitterte leicht, aber mein Ton war fest und bestimmt. Das Üben hatte sich gelohnt. Für mich war das ein ungeheuer großer Schritt, meine Grenzen so klar zu formulieren. Endlich hatte ich ihm gesagt, was ich dachte und wie ich mich fühlte. Auch wenn ich noch zitterte, wusste ich, dass es ab jetzt besser werden musste. So lief das doch, oder? Man sagt die Meinung und danach wird's besser.

Ich irrte mich. Nicht nur ein bisschen, sondern sehr. Ihm meine Meinung zu sagen, tat mir gut, aber Herrn Maschek gefiel das überhaupt nicht. Im Gegenteil. Er schaute mich entgeistert an, als hätte ich ihn auf persönlicher Ebene unsagbar beleidigt. Darüber hinaus sah es erst mal nicht so aus, als hätte er den Inhalt meiner Ansage begriffen. Er stand sichtlich auf dem Schlauch. Ein paarmal holte er Luft, um etwas zu sagen, hörte aber dann wieder auf und kniff die Augenbrauen zusammen. Einzig an meiner Tonlage registrierte er wohl, dass es mir ernst war. Auch dass ich immer noch wie angewurzelt hinter der Theke stand, unterstrich meinen Standpunkt. Zumindest hoffte ich das. Lange würde ich es nicht mehr aushalten. Meine Emotionen kochten gleichzeitig so hoch, dass mein

Mund pappig wurde. Für einen verbalen Zweikampf war ich nicht bereit. Ich wünschte mir, er würde einfach gehen. Aber dann veränderte sich langsam sein Gesichtsausdruck. Vom puren Entsetzen ging es über in Wut. Wie konnte ich denn nur erwarten, dass er einfach sagte: »Danke, Tommy! Ich werde darauf achten.« Das klingt nicht nach meinem Chef. Natürlich würde er etwas dagegen sagen und ich merkte erst jetzt, dass ich diese Wahrscheinlichkeit gar nicht bedacht hatte. Ich war komplett unvorbereitet.

Meine Ansage machte ihn sauer. Sehr sauer sogar. Und von da an war er nicht mehr zu halten. Ausreden sprudelten samt Unterstellungen nur so aus ihm heraus. Er hielt meine Meinung für Humbug, Schabernack, Hirngespinste. Die Fünfzigerjahrevokabeln sprudelten nur so aus ihm heraus. »In dreißig Jahren in diesem Hotelbetrieb ist mir so ein Flegel wie Sie noch nie untergekommen! Sie werden sich noch wünschen, dass Sie nachgedacht hätten, bevor Sie Ihre Starallüren äußern«, drohte er mir ungeniert. »Hier weht bald ein anderer Wind, Tommy!« Er schnaubte noch einmal verächtlich, machte kehrt und verschwand. Ich blieb starr und schockiert stehen. So hatte mich nicht mal mein Vater ausgeschimpft, wenn ich in seinen Augen etwas falsch gemacht hatte. Mein Vater redete gar nicht erst mit mir, wenn er richtig sauer war. Und das gerne über Wochen. Umso schockierter war ich über die ganze Situation und diesen Gefühlsausbruch. Da wäre mir das wütende Schweigen meines Vaters lieber gewesen, da wusste ich, woran ich war.

Ich sah Herrn Maschek für den Rest des Tages nicht mehr. Einerseits hatte ich das Gefühl, mein Ziel damit erreicht zu haben, denn er war verschwunden. Aber seine Androhung machte mir ein flaues Gefühl im Magen. Was hatte er vor? Ich hoffte auf leere Versprechen.

Es waren keine leeren Versprechen. Als ich am nächsten Tag zur Arbeit kam und mir mit jedem Schritt wünschte, ich würde unsichtbar werden, geschah etwas Unglaubliches. Nein, ich wurde selbstverständlich nicht unsichtbar. Ich fand auch keinen Tarnumhang. Es war noch unglaublicher: Herr Maschek begrüßte mich höflich im Vorbeigehen und stocherte danach nicht in meinem Privatleben rum. Ich traute meinen Ohren kaum. Fast stand ich mit halb geöffnetem Mund da und starrte ihn an, weil ich so überrascht war. Es stimmte also doch: Ich hatte verdammt noch mal übernatürliche Fähigkeiten. Ich musste meinen Briefkasten checken. Vielleicht war dort neben der verspäteten Tony-Nominierung auch endlich die Einladung nach Hogwarts.

Herr Maschek ging an mir vorbei, blieb nicht stehen, sondern ging einfach weiter. Für mich war es ein Wunder. Würde er mich ab jetzt distanzierter behandeln? Würde er mich vielleicht sogar irgendwann ignorieren? Innerlich feierte ich meinen Triumph. Ich fühlte mich ernst genommen. Meine Botschaft war bei ihm angekommen. Endlich bekam ich den Respekt, den ... Meine Gedanken wurden abrupt unterbrochen, denn *er* blieb stehen. Es wäre auch zu schön gewesen. Er drehte sich um und ging auf mich zu. Aber ich hatte diesmal keine Angst. Ich blieb standhaft und tat nicht so, als ob ich irgendwas zu tun hätte. Und wenn er wieder private Fragen stellen würde, dann würde ich einfach das Gleiche sagen wie gestern. Der Zug war abgefahren.

Ich sah, wie seine Nüstern sich aufblähten, er aber trotzdem versuchte, professionell zu bleiben. Er räusperte sich kurz. »Tommy, Sie müssen am Neunzehnten arbeiten.«

Kurz war ich irritiert. »Aber ich habe für übermorgen Urlaub eingereicht, vor drei Monaten schon. Das wurde bestimmt nicht eingetragen.« Ich wusste, dass das ein Fehler sein musste. Fast hätte ich »Typisch Heike« gedacht, aber mein Chef hakte sofort ein.

»Den habe ich gestrichen. Sie arbeiten. Um sechs Uhr erwarte ich Sie hier.«

Bevor ich auch nur etwas antworten konnte, drehte er sich um und ließ mich verdutzt stehen. Am liebsten hätte ich ihm gesagt, dass er das nicht machen könne und wie fies er sei. Mein Geburtstag war übermorgen. Ich hatte alles vorbereitet und Einladungen verteilt. Ich war voller Vorfreude, endlich meine Freunde wiederzusehen, denn durch die Arbeit hatte ich sie ewig nicht treffen können. Und nun sollte ich arbeiten? Mein kleiner Hoffnungsschimmer löste sich in Luft auf. Das war ungerecht. Leider wusste ich zu dem Zeitpunkt nicht, dass er das nicht hätte machen dürfen. Ich kannte meine Rechte als Azubi nicht und ich vermutete, dass mein Chef alles machen konnte, was er wollte. Deswegen traute ich mich nicht, etwas zu sagen, und nahm mein Schicksal einfach hin.

Obwohl es mich so ärgerte und es in dem Moment das Schlimmste überhaupt war, war das erst der Anfang. Er hatte die Macht über die Arbeitsplanung, was ihn unberechenbar machte. Denn anstatt mich wie üblich einzuplanen, gab er mir plötzlich die schlimmsten Schichten. Das bedeutete Überstunden und Doppelschichten. »Stellen Sie sich nicht so an. Sie sind doch erwachsen, oder? Oder??«, entgegnete er, wenn ich nachfragte, ob mein Dienstplan so stimmte. »Oder wollen Sie sich wieder bei mir beschweren?«, provozierte er noch, während ich geduckt meinen Kopf schüttelte. *Ich wollte ja nur nachfragen,* dachte ich. Oft musste ich länger bleiben, während meine Kolleginnen nach Hause durften. Ich stand dann allein bis spät am Abend an der Rezeption, obwohl ich wusste, dass nichts mehr passieren würde.

Natürlich war mir bewusst, dass jeder mal blöde Schichten machen musste. Das gehörte irgendwie dazu. Aber es fiel mir auf, dass meine Kolleginnen öfter früher gehen durften, während ich länger bleiben musste. Wenn ich nichts zu tun hatte, wurde mir über Kolleginnen vom Chef mitgeteilt, ich könne ja Staub wischen oder draußen die Fenster putzen. Die sähen ja auch nicht mehr so schön aus. Ich verstand die Welt nicht mehr. Warum behandelte mich mein Chef plötzlich so herablassend? Nur weil ich ihm gesagt hatte, dass es genug war? Diese Reaktion ließ mich ratlos zurück. Das einzig Gute war, dass er mir wirklich keine Fragen mehr stellte. Aber manchmal übermittelten mir meine Kolleginnen Arbeitsanweisungen mit schnippischen Bemerkungen von ihm. Sandra verdrehte regelmäßig die Augen, wenn sie ihn wiederholte und nachäffte: »Du sollst den Dreck im zweiten Stock ordentlich wegmachen und freundliche Grüße vom Chef, das ist keine private, sondern eine berufliche Kritik.«

Ich bat sie, ihn zukünftig nicht mehr zu zitieren.

Wie in jedem Betrieb mussten auch wir die Inventur machen. Dabei werden alle Gegenstände im Betrieb gezählt und dokumentiert – angefangen bei allen vorhandenen Möbeln über Besteck und Geschirr bis hin zu den Zahnstochern. Ich hatte schon ein paarmal Inventur gemacht und war relativ fit und flink. Meistens fand sie am ersten Samstag in einem Monat statt. Das konnte sich auch echt nur jemand ausdenken, der nicht mehr feierwütig war. Aber da ich eh nie viel Geld zum Feiern hatte, startete ich Samstagfrüh voller Elan mit Heike als Zählkumpeline. Aber das war nicht im Sinne meines Chefs. Nach langer Zeit sah ich ihn mal wieder. Stinksauer stand er uns gegenüber und motzte ohne Begrüßung wie ein richtiger Chef aus dem Bilderbuch der Hölle: »Was soll das denn hier?«

Irritiert sahen wir ihn an. Heike stotterte kurz und erklärte sich. »W-w-wir wollten anfangen zu zählen.«

Herr Maschek stemmte die Arme in die Seiten, schnaubte und legte seinen Blick auf mich. Mir rutschte mein Herz in die Hose, so garstig schaute er mich an. »Kommen Sie mit, Tommy!« Er drehte sich um und ging schnellen Schrittes voran. Während des ganzen Weges wechselte er kein Wort mit mir. Es war eine unangenehme Stille zwischen uns und die Luft war zum Zerschneiden dick. Gemeinsam gingen wir in den Keller. Ja, in den Keller. Dorthin, wo jede schlechte Story anfängt und aufhört. Aber genau genommen waren wir in der ersten Etage der Tiefgarage. Die zweite Etage stand nämlich unter Wasser. Es war kein fröhlicher Ort, an dem man länger als nötig bleiben wollte. Aber mein Chef hatte einen Spezialauftrag: das Zählen des alten Geschirrs und der alten Möbel. Bis um zwölf Uhr sollte ich fertig sein. Er blieb wortkarg, vermied jeden Blickkontakt und verschwand, nachdem er mir seinen Befehl mitgeteilt hatte.

Ich hörte noch den Nachhall seiner Schritte und das Tropfen von Wasser von der Decke. Es war unheimlich hier. Waren wir noch im zweiten Akt meines persönlichen Horrorfilms oder ging es langsam Richtung Ende? Ich fügte mich meinem Schicksal, was jedoch leichter vorgenommen als umgesetzt war. Denn alle paar Minuten ging das Licht aus, weshalb ich das Zählen immer wieder unterbrechen und zum Bewegungsmelder latschen musste. Ehe ich wieder zurück war, hatte ich natürlich vergessen, wo ich stehen geblieben war. Bis um zwölf Uhr fertig zu werden, war einfach unmöglich, und ehrlich gesagt war die ganze Situation einfach ... scheiße! Meine Kolleginnen waren alle oben, hatten bestimmt Spaß, lachten und tranken Tee oder Kaffee. Und ich bibberte hier allein in der Kellerkälte.

Ich wollte nicht mehr hier sein, aber ich hatte einen Arbeitsauftrag, und den musste ich erledigen, egal, wie lange es dauerte. Innerlich fühlte ich mich zerrissen. Ich war sauer und traurig zugleich. Ich hätte es am liebsten meinen Freundinnen und Freunden erzählt, aber ich wollte auch nicht rumjammern. »Lehrjahre sind keine Herrenjahre«, hörte ich Lara schon sagen. Sie war der Auffassung, dass es in der Ausbildung anstrengend sein muss, damit man auf das kommende Arbeitsleben bestens vorbereitet wird. Heute weiß ich es besser: Das war ganz klar Mobbing. Als Azubi ist man Schutzbefohlener und man hat Rechte, die man einfordern kann, wenn sie nicht umgesetzt werden. Ich hätte mich an die Industrie- und Handelskammer, an meine Berufsschullehrkräfte oder an die Bundesagentur für Arbeit wenden können, doch in meiner ersten Ausbildung, in meinem ersten Lehrjahr als Hotelkaufmann wusste ich es nicht besser und hatte keine Kraft, mich für mich selbst einzusetzen. »Beiß die Zähne zusammen. Gejammert wird nicht. Wer meckert, fliegt raus«, betete ich mir als mein Mantra vor.

Ich konnte kaum erwarten, dass die Berufsschule bald wieder anfing und die Arbeitszeit im Hotel wenigstens temporär aufhörte.

Es sollten zwar nur drei Wochen sein, aber Schule war weniger kräftezehrend als das alles hier. Dass ich das mal sagen würde. Der, der Abitur und Studium von Anfang an abgelehnt hatte.

Nachdem ich stundenlang in der Kammer des Schreckens unnütze Dinge gezählt und danach noch im Hotelbetrieb gearbeitet hatte, durfte ich dann endlich in den Feierabend. Kurz bevor ich mich in den Berufsschulblock verabschieden wollte, rief mich Herr Maschek erneut zu sich. Widerspenstig ging ich zum ihm.

»Sie wissen, dass Sie auch die nächsten Wochen arbeiten, oder?«, sagte er mit ernster Miene und hielt mir den aktuellen Schichtplan unter die Nase. Das war mir neu und ich war mir sicher, dass der Plan vor ein paar Stunden ganz anders ausgesehen hatte.

»Aber … ich hab Schule«, versuchte ich an seinen Verstand zu appellieren, doch es interessierte ihn nicht.

»Ich weiß. Aber Sie haben ja nicht den ganzen Tag Schule.« Er wies dabei auf die Arbeitszeiten, die zusammen mit meinem Stundenplan eine komplette Einheit bildeten. »Ich war so nett und habe Ihre Zeiten selbstverständlich angepasst. Nach der Schule kommen Sie her, übernehmen von Montag bis Freitag die Spätschicht nach der Berufsschule und am Samstag die Frühschicht. Verstanden?«

Ich starrte auf den Plan und hatte das Gefühl, dass die Zahlen langsam verschwammen. Mir wurde schwindelig. Sah ich das wirklich richtig? »Aber … wie soll ich … ich meine … wann soll ich mich ausruhen?«, bekam ich gerade so heraus.

»Ach, Sie sind doch jung! Bis Montag.« Er ging und ließ mich mit dieser Arbeitsanweisung zurück. Wie sollte ich das nur überstehen?

Ich war zwar noch nicht so lange in diesem Hotel, aber ich hatte noch nie mitbekommen, dass etwas Vergleichbares passiert war. Und das alles nur, weil ich meinem Chef gesagt hatte, dass ich nicht mein Privatleben mit ihm teilen wollte! Ob mir das als Hetero passiert wäre? Hätte mein Chef mich dann auch zu Überstunden, Doppelschichten und Sperrmüllzählen verdonnert? Oder hätte ich dann zugesehen, wie er einen anderen schwulen Azubi zu diesen Strafarbeiten nötigte? Egal was, es wäre nicht in Ordnung.

Ich schwor mir, mir nichts anmerken zu lassen. Ich wollte nicht klein beigeben. Diese drei Wochen würden bestimmt wie im Flug vergehen und dann hätte ich diese nervenzerreißende Aufgabe anständig hinter mich gebracht. Das würde meinem Chef zeigen, dass er mich nicht kleinkriegte.

Es war die Hölle. Ich wusste ja, dass es schwierig werden würde. Aber das Ausmaß hatte ich nicht ahnen können. Nach der Spätschicht blieben bis zur Schule sechs Stunden Schlaf, abzüglich Heimfahrt und bettfertig machen fünf Stunden. Wie utopisch, wenn man bedenkt, dass ich mich die ersten Nächte so ärgerte, dass ich damit meine wenige Schlafenszeit zusätzlich drastisch reduzierte. In der Nacht von Freitag auf Samstag hatte ich dann sage und schreibe vier Stunden zwischen Spät- und Frühschicht.

Ich erlebte alles wie im Rausch durch die stetig wachsende Übermüdung. Man sagt ja immer, dass nach müde blöd kommt. Aber ich fand in dieser Zeit heraus, was nach blöd kommt. Noch mehr müde. So viel Müdigkeit, dass ich komplett neben mir stand und nur noch auf Zuruf reagierte. In der Schule bekam ich nichts mit. Ich war zwar da und versuchte zuzuhören, aber was genau um mich herum passierte? Keine Ahnung. Ich schrieb von meinen Mitschülern ab und schlief in der Pause.

Während der Arbeitszeit fiel es mir auch immer schwerer, aufmerksam zu bleiben und mich zu konzentrieren. Meine Kolleginnen bekamen das natürlich schnell mit und versuchten, mich so gut es ging zu entlasten – solange es Herr Maschek nicht mitbekam. Zunehmend wurde ich schwächer und auch mein Kopf meldete sich. Ich bekam höllische Kopfschmerzen und fühlte mich grippig. Ich war schwach und am Ende, aber Herr Maschek zeigte kein Erbarmen. Er war in diesem Szenario einfach der Endboss und mein Energielevel zeigte auf Rot.

Als ich ihn um eine längere Pause bat, entgegnete er lapidar, wir hätten schließlich schon Freitag und Sonntag hätte ich ja frei.

»Nun jammern Sie nicht rum. Sie dürfen sogar hier übernachten, so nett bin ich. Mundwinkel hoch und nicht rumheulen. Sie sind ein junger, selbstständiger Mann – auch wenn Sie immer noch abgeholt werden müssen.«

Seine Arroganz triefte nicht nur zwischen den Zeilen. Er nickte mir zu, ohne mir in die Augen zu schauen, denn er musterte mich von oben bis unten und stieß danach einen verächtlichen Luftstoß aus seiner Nase. Danach ging er schnellen Schrittes aus dem Pausenraum. Damit war meine Pause in fünf Minuten vorbei und mir blieb nichts anderes übrig, als mich zusammenzureißen.

Mein Körper sprach eine andere Sprache. Aber auch ich ignorierte diese Sprache und arbeitete die Spätschicht durch, schlief ein paar Stunden im Hotel und startete die Frühschicht am Samstag.

Als ich das Frühstück fertig machte, fing ich an zu zittern und mein Herz pochte wie wild. Was war plötzlich los mit mir? *Jetzt ist ein verdammt schlechter Moment*, dachte ich mir, denn ich hatte überhaupt keine Zeit. Man wird immer krank, wenn man es überhaupt nicht gebrauchen kann. Sagen ja alle immer. Aber wann kann man Krankheit schon gebrauchen? Gibt es jemals den richtigen Moment? Ich bezweifle das sehr.

Doch in diesem Moment in der Frühschicht machte sich leise Panik in mir breit. Es musste alles wie am Schnürchen laufen, denn wir hatten Hochsaison. Wir hatten unzählige Gäste, da zudem wieder irgendeine Technikmesse in der Stadt war, zu der Menschen aus aller Welt anreisten.

Ich versuchte, meine Atmung unter Kontrolle zu kriegen, um keinen Panikanfall oder Ähnliches zu bekommen. Schließlich waren Leute hier. Doch es gelang mir nicht. Zitternd nahm ich einen Korb Brötchen in die Hand. Plötzlich schossen mir die Tränen in die Augen, die ich mühsam zu unterdrücken versuchte. Ich füllte die neuen Brötchen auf und wischte mir die Tränen weg. Aber es half nichts. Ich begann zu hyperventilieren. Meine Sicht verdunkelte sich langsam. Ich versuchte mich noch am Tisch abzustützen. Die Geräusche um mich herum wurden leiser. Mein Sichtfeld kleiner. Die Töne gedämpfter. Bis ich den Boden unter den Füßen verlor. Stille.

Als ich wieder zu mir kam, lag ich auf der Couch in der Lounge. Sandra, Heike und mein Freund blickten in mein Gesicht. Sie sahen besorgt aus. Ein kurzes Lächeln zeigte mir, dass sie sich freuten, dass ich wieder da war. Ich sei ohnmächtig geworden, informierten sie mich. Vielleicht war ich auch einfach eingeschlafen. Keiner war sich sicher, was genau passiert war, aber sicher war, dass ich am Ende war.

»Ihr Freund ist da, um Sie abzuholen«, ertönte es von der anderen Seite des Sofas. Es war Herr Maschek, der nun offensichtlich wusste, dass ich schwul war. Heike hatte während meiner Ohnmacht aus lauter Verzweiflung meinen Freund angerufen, der sich sofort auf den Weg gemacht hatte.

Herr Maschek würdigte mich keines Blickes. Er blätterte in einem Notizbuch und fügte dann hinzu: »Er kann Sie erst mal nach Hause fahren, aber für den Ausfall müssen Sie nachher wieder arbeiten. Seien Sie pünktlich wieder hier.« Mit der Ansage verließ er den Loungebereich.

Mein Chef wusste jetzt offiziell, dass ich schwul war. War das die ganze Zeit sein Plan gewesen? Mich bis zum Umfallen zum Arbeiten zu nötigen, um so meinen Beziehungsstatus zu erfahren? Während mein Freund mir zum Auto half, überwältigten mich unzählige Gedanken.

Was mache ich jetzt, da ich ungewollt geoutet wurde?
Und dann verlangt dieser Chef noch, dass ich pünktlich wieder zur Spätschicht antrete?
Was ist er für ein Mensch?

Mein Herz pochte wieder wie verrückt, aber diesmal brach ich in Tränen aus. Ich weinte unkontrolliert, schluchzte und konnte mich kaum noch auf den Beinen halten. Es war einfach genug. Nicht nur, dass ich an meine körperlichen Grenzen ging, ich hatte schon lange meine psychischen Grenzen überschritten. Dieses systematische Piesacken, der Psychoterror und das Mobbing – ich konnte und wollte nicht mehr. Alles brach aus mir heraus und ich wusste, dass ich in einer Sackgasse gefangen war. Mein Freund fuhr mich zum Krankenhaus, wo man mich für zwei Wochen krankschrieb. Anschließend fuhren wir noch mal zur Arbeit und mein Freund reichte meine Krankmeldung ein, während ich im Auto auf ihn wartete. Ich konnte nicht wieder rein. Ich wollte nur noch nach Hause und mich in meinem Bett verkriechen. Die kommenden zwei Wochen wollte ich nicht nur dafür nutzen, mich wieder zu erholen, um wenigstens halbwegs wieder auf die Beine zu kommen. Das war natürlich der wichtigste Punkt, aber ich wollte auch überlegen, ob der Job überhaupt etwas für mich war. Die letzten sechs Monate waren die Hölle. Ich hatte alles gegeben und es war nicht genug. Ich hatte keine Freizeit mehr und die anfängliche Freude, die ich während der Ausbildung gehabt hatte, verflog viel zu schnell. Mir gefiel nichts an dem Job – weder die Arbeit noch mein Chef.

Am kommenden Montag fand ich etwas im Briefkasten, das ich niemals erwartet hätte: meine Kündigung. Herr Maschek ließ mir sofort fristlos kündigen. Als Grund war angegeben, dass ich mich nicht selbstständig krankgemeldet hatte, sondern durch eine nicht bekannte Person krankgemeldet wurde. Irgendwie erleichterte mich der Gedanke, nicht mehr dorthin zu müssen. Es war eine Entscheidung, die mir abgenommen wurde. Aber gekündigt, weil jemand anderes mein Attest einreichte? Ich war mir nicht sicher, ob das überhaupt wirklich ein Kündigungsgrund sein konnte. Ich entschied, selbst zu kündigen. Ich wollte ihn nicht gewinnen lassen. Es war meine Entscheidung zu gehen, nicht seine. Ich war mir sicher, dass ich seine Kündigung hätte anfechten können.

Danach zog ich mich immer weiter zurück. Meine eigene Kündigung sollte mein Triumph sein, aber noch war nicht Schluss. Meine ehemaligen Kolleginnen erzählten mir schreckliche Sachen. Herr

Maschek drehte richtig durch, als er meine Kündigung erhielt. Er soll nicht nur schlecht über mich gesprochen haben, sondern auch Lügen verbreitet, mich niedergemacht und beschimpft haben. Kurz: Er hat mich während meiner Abwesenheit so richtig fertiggemacht. Ich war froh, nicht mehr da zu sein, auch wenn die Dinge, die mir zugetragen wurden, sehr schmerzten und mich nicht gerade motivierten, einen neuen Job zu suchen. Woher sollte ich wissen, ob es nicht wieder so werden würde? Das Einzige, was ich noch wollte, war nichts.

Herr Maschek führte nach meinem Abgang eine neue Regelung im Hotel ein: Es sollte vorab geprüft werden, ob jemand schwul sei. Denn, so sagte er, Schwule sollten nie wieder in seinem Hotel arbeiten dürfen. Diese Infos erhielt ich von meinen Freundinnen, die nach wie vor in dem Horrorhotel arbeiteten. Es machte mich fertig. Was hatte meine Sexualität mit meiner Arbeitskraft oder meinem Charakter zu tun? War ich nicht mehr als das? War schwul zu sein also doch etwas Schlechtes?

Ganze drei Wochen verließ ich nicht das Haus, nahm kaum Mahlzeiten zu mir und befand mich in einem Abwärtsstrudel. Vermutlich würde ich noch heute unter der Bettdecke hocken, wenn ich nicht eine Therapie begonnen hätte. Ohne Nathalie hätte ich sicher nicht die Kraft gehabt, mit einem Arzt über die ganze Situation zu sprechen. Dafür sind beste Freundinnen da. Man hält zusammen in guten wie in schlechten Tagen.

Während ich nun also meinen Arzt jeden Dienstag und Donnerstag zur Gesprächstherapie aufsuchte, kann ich dir ja mal verraten, wie ich es nach all dem Datingdesaster geschafft hatte, meinen ersten Freund zu finden.

VOM ALLTAG BETROGEN

Du kennst das, du wachst morgens auf und bist es so satt, single zu sein, dass du kaum noch Ansprüche hast. Was jetzt ziemlich traurig klingt, soll einfach nur bedeuten: Ich hatte den Radius meines Datingprofils auf zehn Kilometer gesetzt und das als passend empfundene Alter meines zukünftigen Partners erhöht; er durfte jetzt maximal zehn Jahre älter als ich sein.

Ich lernte buttspencer86 online kennen. Sein richtiger Name war natürlich ein anderer, aber ich möchte weder seinen Namen hier nennen noch möchte ich einen anderen Namen verunglimpfen. Aus diesem Grund darfst du dir einen eigenen Namen ausdenken und ihn hier eintragen: _____. Nimm vielleicht den Namen eines Ex-Freundes – oder den eines Idioten, das könnte an dieser Stelle ganz gut passen. Warum? Das wirst du noch sehen.

Sich im Internet kennenzulernen, mag heute geradezu normal wirken, aber damals war es neu und ungewohnt. Ich fand ja Telefonieren schon immer schwierig, aber beim Chatten gab es *noch* mehr Missverständnisse, wie ich schnell herausfand. Bei meinen ersten Chatgesprächen mit _____ fiel mir auf, dass ich mich viel besser mit Menschen von Angesicht zu Angesicht unterhalten konnte, als ihnen zu schreiben. Wenn dir dieses Buch also bis jetzt nicht gefällt, dann wissen wir nun auch, woran das liegt. Wenn dir dieses Buch aber bis jetzt gut gefällt, dann stell dir mal vor, wie viel besser alles noch wäre, wenn ich dir davon *erzählen* würde!

Jedenfalls hatten wir noch gar nicht lange miteinander geschrieben, als er und ich uns einig waren: Wir mussten uns treffen. Ich fand das sehr aufregend. Ich stand kurz vor meinem achtzehnten Geburtstag und hatte mit buttspencer86 jemanden gefunden, hinter dessen albernem Namen ein netter junger Mann steckte. Ich wusste nicht, wohin das führen würde, aber ich war mir sicher, dass bei mir alsbald die Zeit anbrechen würde, die man als Erwachsensein bezeichnet. Ich würde erwachsen sein, nicht nur volljährig. Volljährigkeit ist eine Zahl, Erwachsensein ist eine Charaktereigenschaft. Für das eine muss man nur warten, das andere muss man sich erarbeiten. Der Lohn des Erwachsenseins ist aber nicht das Erwachsensein an sich, sondern das schöne Wort mit F, das man dadurch erreichen kann: Freiheit. Ich war mir sicher; die Zeit meiner Freiheit stand direkt vor mir – und _____ würde vielleicht ein Teil davon sein.

Das erste Treffen mit ihm werde ich nie vergessen. Es war eine einzigartige Mischung aus Kitsch, Nähe, Verunsicherung und Neugier. Wir trafen uns am Flughafen Hannover, allerdings nicht im Gebäude, sondern an der nördlichen Start- und Landebahn. Direkt neben dem östlichen Ende des Flughafengeländes schlängelt sich eine kleine Straße durch die Felder. Wir setzten uns mit einer kleinen Picknickdecke auf den Seitenstreifen und warteten auf die Flugzeuge, die alle paar Minuten hier ihr Ziel erreichten oder ihren Heimathafen verließen. Wir hatten Weintrauben und ein bisschen Studentenfutter dabei (ja, das dürfen nämlich auch frischgebackene Hotelkaufmann-Auszubildende kaufen und essen!), schauten in den leicht bewölkten Himmel, der mit der kleinen kaputten Straße um die Wette graute, und warteten auf die elegant herabsinkenden oder hinaufsteigenden Stahlvögel. Wir hatten unsere Köpfe in den Nacken gelegt, uns gegenseitig versichert, dass auch wir demnächst durch die Weltgeschichte reisen würden, und von einem Leben philosophiert, von dem wir eigentlich wussten, dass wir es nie haben würden.

»Was glaubst du, wer da oben grad drinsitzt?«, fragte ich mein Date, als sich gerade ein größeres Modell gegen die Schwerkraft in den Himmel schob.

Er folgte dem Flieger mit seinem Blick eine Weile, bis er seinen Kopf nicht weiter nach rechts drehen konnte und sich wieder zu mir wandte. »Weiß nicht«, sagte er stumpf.

Heutzutage würde ich über so eine Antwort stolpern. Es war mir ja klar, dass _____ nicht wissen würde, wer in Flug XY227 sitzt. Nur weil er in der Nähe des Flughafens wohnte, hatte er ja keine Einsicht in die Boardinglisten. Ich hatte mit meiner Frage bezweckt, dass er sich eine fantasievolle Antwort ausdenkt, damit wir gemeinsam unsere Gedanken schweifen lassen konnten. Damals war ich allerdings noch nicht so kritisch und ließ ihn mit seiner langweiligen Antwort durchkommen. Damals antwortete ich einfach mit: »Ich auch nicht.«

Auf der gegenüberliegenden Seite konnten wir ein blinkendes Flugzeug sehen, das sich langsam der Landebahn näherte. Flugzeuge landen genau, wie sie starten: Nase hoch, Po runter. Aus der Ferne konnten wir das kreischende Geräusch der aufsetzenden Reifen zwar nicht hören, sahen jedoch den Rauch, der durch die schlagartige Gummiabnutzung entstand, Richtung Norden ziehen. Die Landung schien ein Erfolg gewesen zu sein. Vor meinem inneren Auge hörte ich die Leute an Bord direkt nach der Landung klatschen. Ich gebe zu: Mir war weder bewusst, dass man mit dem inneren Auge hören kann, noch wusste ich, warum man die Landung eines Flugzeuges beklatschen sollte. Die Piloten und Pilotinnen machten schließlich nichts anderes als ihren Job. Ich klatsche ja auch nicht, wenn mir im Supermarkt an der Kasse nach abgeschlossenem Einscannen meiner Artikel die Summe meines Einkaufs mitgeteilt wird.

»11,37 Euro, bitte!«

Tosender Applaus aus der ganzen Schlange.

»Die kommen bestimmt aus dem Urlaub«, sagte ich mit verträumtem Blick auf den ausrollenden Flieger.

»Die Glücklichen … oder Unglücklichen, je nachdem, wie man es sieht. Wenn sie Pech haben, kommen sie aus einem warmen Land und kriegen gleich voll den Wetterschock, wenn sie hier aussteigen«, witzelte mein Date.

Er lachte kurz durch die Nase. Wir schwiegen eine Weile und beobachteten Flieger um Flieger. Immer waren wir uns sicher, dass die vielen Hundert Passagierinnen und Passagiere auf dem Weg in einen Traumurlaub waren, dass sie alle ein aufregendes Jetsetleben führten und morgen schon ihre blassen Füße in türkisblaues Wasser tunken würden. So ein Urlaub war etwas, von dem wir nur träumen konnten. Mein letzter Urlaub war schon Jahre her und verschwamm in meiner Erinnerung mit all den anderen Urlauben, die ich hatte, denn sie waren immer gleich: Zelten mit meinem Vater und meinem Bruder an der Ostsee. Klingt weder nach Luxus noch nach Erholung. Klingt eher nach wenig Privatsphäre, drittklassigen Zeltplätzen und Rückenschmerzen, weil man die ganze Nacht auf einer Wurzel gelegen hatte (oder zumindest hoffte, dass es nur eine Wurzel war).

Ein Urlaub, an den ich mich wahrscheinlich bis zum Ende meiner Tage erinnern werde, war entweder Urlaub Nummer vier oder Urlaub Nummer fünf an der Ostsee. Ich war ungefähr zwölf Jahre alt. Die Hinfahrt zum Zeltplatz hatte schon doppelt so lange gedauert wie geplant, weil die halbe Autobahn verstopft war. Im Gegensatz zu mir, denn ich hatte mitten auf der Fahrt angefangen, in unregelmäßigen Abständen ins Auto zu brechen. Das hatte dazu geführt, dass wir selbst bei seltener freier Bahn regelmäßig halten mussten, damit ich eine neue Tüte an der Tankstelle bekommen konnte. Wir hatten schon ordentlich Verspätung, sodass mein Vater irgendwann einfach meinte, ich solle meinen Kopf aus dem Fenster hängen, wir hätten keine Zeit, erneut anzuhalten. Es war schon dunkel gewesen, als wir endlich am Zeltplatz ankamen, noch dazu hatte es in Strömen geregnet und ein grantiger Typ an der Rezeption erklärte uns wirr, wie wir zu unserem Stellplatz kommen würden. Uns hinführen wollte er bei diesem Wetter nicht. Also stapften wir zu dritt durch den weichen Boden, wateten durch Pfützen und stolperten mehrmals über gespannte Zeltleinen, sodass wir oft von unbekannten Menschen angepöbelt wurden. Ein Zeltinsasse wurde besonders ausfallend, nachdem ich mich in der Nähe seines Zeltes übergeben hatte. Beim nächtlichen Zeltaufbau im erbarmungslosen Regen waren wir Jungs keine große Hilfe für unseren Vater. Ich hockte neben dem unfertigen Zelt und hielt meinen Bauch und mein Bruder verlor ein Werkzeug nach dem nächsten im Matsch. Unser Vater schickte uns deshalb irgendwann zurück ins Auto, damit wir und die Sachen nicht noch nasser wurden. Das war mit Abstand der schlimmste Urlaubsanfang, den ich je erleben musste. Der Rest der Reise wurde zwar nicht gut, aber immerhin ein bisschen weniger schlecht.

Vermutlich hätten mein Date und ich sogar mit Ach und Krach genug Geld für einen solchen Campingtrip gehabt, aber das kam weder für ihn noch für mich infrage. Wir waren einer Meinung: Camping-Feeling hätten wir auch bei uns daheim haben können. Wir müssten einfach ungeduscht auf dem Balkon sitzend halb rohe oder verkohlte Würstchen verspeisen. Natürlich abends mit eingeschaltetem Licht, damit uns die Mücken auch finden. Also nein, auf die Art von Urlaub wollten wir verzichten. Zumal wir uns ja auch noch gar nicht gut genug kannten, um so ein Abenteuer zu wagen. Ich verfolgte mit meinem Blick ein startendes Flugzeug und sah, dass _____ mich direkt ansah.

»Hallo«, sagte ich leicht erschrocken.

Er lächelte mich an. Ich fühlte mich etwas unwohl, lächelte zurück und suchte den Himmel nach einem weiteren Flugzeug ab, das ich beobachten könnte. Mittlerweile hatten sich die Wolken zugezogen, der farblose Himmel war nur noch an wenigen Stellen zu sehen. Ich spürte, dass er seinen Blick nicht von mir nahm. Ich überlegte verkrampft, ob ich was sagen sollte. Und wenn ja, was? Er kam mir zuvor. »Manchmal ist Urlaub nicht, wo man ist, sondern mit wem.«

Ich wandte mich ihm wieder zu. Er legte seinen Arm um meine Schulter und zog mich an sich heran, legte einen Finger an mein Kinn und drehte mein Gesicht zur Seite, sodass wir uns direkt in die Augen sahen. Er näherte sich und küsste mich. Ich schloss meine Lider, während seine Zunge meine Zunge etwas wirr umkreiste, als wollte er ein Energiefeld entstehen lassen oder als wollte er mit ihr ertasten, ob in meinem Mundraum alle Zähne vorhanden waren. »Eins-eins ist da, eins-zwei ist da. Speichelsauger bitte«, ertönte es in meinem Kopf. Ich nenne diesen Move Pirouettenzunge. Ein

Tipp zum Küssen: Vermeide die Pirouettenzunge. Vor allem bei romantischen Dates. Vor allem bei *ersten* romantischen Dates. Und vor allem-allem, wenn du jemanden zum ersten Mal im echten Leben triffst, nachdem man sich vorher nur unter den Decknamen buttspencer86 und torajo im Internet kennengelernt hat.

＿＿＿＿＿＿＿＿ atmete laut beim Küssen, was er nur unterbrach, um seinen Kopf in die andere Richtung zu neigen, um dann von der anderen Seite seine Zungenakrobatik fortzuführen. Offensichtlich genoss er den Moment, aber ich persönlich war mir nicht so sicher. Warum war ich mir nicht so sicher? Das wusste ich nicht sicher. Ich wusste jedoch: ＿＿＿＿＿＿＿＿ und ich hatten uns online gut verstanden, wir hatten uns am Flughafen ebenfalls recht okay verstanden und wir hatten uns nun geküsst. Viel zu feucht und eher ohne mein Zutun, aber es hat ja nie jemand behauptet, dass die Straße zum Erwachsenwerden keine Schlaglöcher hätte. Manchmal wird man halt ein bisschen durchgeschüttelt. Auch wenn mir das mit dem Kuss beim ersten Treffen ein bisschen zu schnell ging, vertraute ich meinem Date irgendwie. Er war ja damals mit seinen zweiundzwanzig Jahren schon erwachsen. Er wusste also, wenn man erwachsen wird, geht immer alles viel zu schnell. Deshalb sagen Eltern auch ständig: »Die Kinder werden so schnell erwachsen«, während für Kinder jeder Tag das ganze Leben bedeutet.

＿＿＿＿＿＿＿＿ und ich hatten in der darauffolgenden Zeit sechs schöne Dates. Unter anderem eines bei der Kegelbahn im Vereinshaus (bei dem ich es irgendwie schaffte, die Kugel an allen Kegeln vorbeizurollen, ohne auch nur einen einzigen Pin umzuwerfen – den ganzen Abend lang), eines am Strand im nicht allzu weit entfernten Steinhuder Meer (ein überraschend warmer Frühherbsttag, an dem ich mich lange überreden lassen musste, ins Wasser zu gehen, und dann ratzfatz wieder an Land hechelte, weil etwas meinen Fuß berührt hatte) und eines im Kino, wo wir *Wall-E*

guckten (ich konnte mich mit einem ordnungsliebenden Wesen natürlich bestens identifizieren). Die Küsse wurden besser, die Nähe angenehmer und das Unterhalten tiefgründiger. Schließlich waren wir uns einig: »Wir sind zusammen.«

Vergeben an _____

Das war nun meine Profilbeschreibung, damit alle sehen konnten, zu was ich es gebracht hatte. Ich war in einer Beziehung. Meine erste richtige, erwachsene, langfristig angelegte Es-gibt-nichts-was-wir-nicht-probieren-könnten-Beziehung! Meine Beziehung zu Milli wirkte plötzlich wie eine Dummheit zweier Kinder, die das nachmachten, was ihre Umwelt ihnen gezeigt hatte. Das mit _____ war anders. Es war *meine* Beziehung und es war besonders, weil ich wusste, dass ich einfach der Mensch sein konnte, der ich sein wollte und den ich in mir schon lange fühlte. Das war besonders. Und es ist bis heute besonders geblieben. Es gibt nichts Besseres, als endlich die Freiheit zu genießen, die man sich vorher hat vermiesen lassen. Mein Freund war in der Hinsicht ein gutes Vorbild, er hatte schon viel mehr Erfahrung damit, er war schon viel länger geoutet als ich und hatte schon zwei längere Beziehungen vor mir gehabt. So hatte ich immer einen Ansprechpartner, wenn ich das Gefühl hatte, dass meine Erfahrungen seltsam waren, oder ich mich mit irgendwas unwohl fühlte oder mich irgendetwas überraschte.

Bevor ich _____ kennengelernt hatte, war ich immer davon ausgegangen, dass ich allein mit meinen Problemen war und dass meine Probleme sich extra nur für mich personalisiert hatten. Das war falsch, ich war weder der Erste noch der Letzte mit solchen Problemen, solchen Sorgen und intimen Fragen: Wie funktioniert Sex mit dem gleichen Geschlecht? Worauf muss ich achten? Woher weiß ich, welche Position ich habe? Das waren alles Fragen, die ich nun mit jemandem zu besprechen wusste, bei dem ich mich nicht unwohl fühlte, sie zu stellen. Mit seinen Antworten »Das zeige ich dir, wenn du bereit bist«, »Das lernst du schon noch« und »Lass uns ein bisschen zusammen ausprobieren und dann wirst du es wissen« nahm er mir meine Sorgen. Mir wurde klar: So wie ich dachten viele andere Menschen auch, dass sie allein mit ebensolchen Sorgen wären. Was man nicht alles lernt, wenn man sich mit anderen Menschen austauschen kann!

Unsere gemeinsame Freizeit am Wochenende verbrachten wir meistens im Wechsel bei unseren Familien. Entweder kam er zu mir und meiner Familie oder ich besuchte ihn in seiner eigenen Wohnung, wobei wir meistens eher in der Wohnung verweilten, in der sein Vater wohnte. Mein Freund meinte nämlich, es gehöre zum guten Ton, sich ab und an bei der Familie blicken zu lassen. Das sah ich zwar nicht so, aber das war ein ganz anderes Thema.

Sagen wir einfach: Umgib dich mit Menschen, die dir gut tun.

Immerhin gab bei unseren Familien stets gutes und kostenloses Essen. Das ist gar nicht so nebensächlich, wie du vielleicht denken magst. Zwei Sachen solltest du dazu nämlich wissen: Mein Vater ist ein unglaublich begnadeter Koch. Alles, was er zubereitete, schmeckte traumhaft. Außerdem hatten _____ und ich einfach nicht genug Geld, um uns vernünftiges Essen zu kochen. Meist reichte es nur für Nudeln oder Reis ohne Soße, was wir dann abends manchmal mit Zucker, manchmal mit Ketchup aßen. Du kannst mir glauben, dass man nach einer Woche keine Lust mehr hat, Nudeln zu essen, und sich sogar nach dem Essen sehnt, das man früher zu Hause noch bemängelt hatte und nicht essen wollte. Immer wenn es bei uns Steckrübenpüree gegeben hatte, wusste ich, dass ich hungrig ins Bett gehen würde. Aber wenn man eine Woche lang trockene Nudeln mit billigem Tomatenketchup gegessen hat, wirken Steckrüben plötzlich wie ein Gericht für Könige. Ich hätte sie nicht nur runtergewürgt, ich hätte sie genossen und nach jedem Löffel die Augen schwärmerisch verdreht – wie der Restaurantkritiker Anton Ego am Ende des Films *Ratatouille*.

Heute lache ich über die Nudel-und-Ketchup-Situation. Am Existenzminimum zu leben, hat auch Vorteile: Ich kann noch immer zehn tolle Gerichte aus der Krümelschublade des Toasters zaubern. (Vielleicht sollte ich ein Kochbuch für extreme Sparfüchse schreiben? Ich rede noch mal mit dem Verlag. Ist sicher eine Marktlücke.)

Als _____ und ich an einem Samstag kurz nach meinem achtzehnten Geburtstag bei meinen Eltern waren, wurde das norddeutsch-herbstliche Traditionsessen »Birnen, Bohnen und Speck« aufgetischt. Der Name des Gerichts ist dabei – typisch für den Norden – zurückhaltend, es gehören nämlich noch Kartoffeln und eine herrliche Soße dazu. Während ich bei einer gekochten Bohne gerade den Zipfel abschnitt, der bei der Vorbereitung übersehen worden war, fragte mein Vater in die schmatzende und besteckklirrende Stille hinein: »Wollt ihr eigentlich zusammenziehen?«

Ich ließ den Zipfel Zipfel sein und schaute auf, zuerst zu meinem Vater, dann zu meinem Freund, zurück zu meinem Vater. Dennis, der mittlerweile groß gewordene Dennis, starrte mich an, meine Stiefmutter blickte in die Luft und kaute mit der Entspannung eines Kamels auf einem Stück Knorpel aus dem Speck herum. Das knackende Geräusch stieß mir wie ein Dolch ins Ohr.

»Ich meine nur, weil … du hast doch eine schöne Wohnung, oder?«, fragte mein Vater meinen Freund.

»Ja, schon«, antwortete dieser kauend.

»Und, also, du siehst ja vielleicht, dass bei uns hier bald Platzmangel herrschen wird.« Mein Vater nickte in die Richtung seiner schwangeren Frau.

»Und da haben wir halt überlegt, was wir am besten machen. Wir können dich ja schlecht zu deinem kleinen Bruder mit ins Zimmer setzen, wenn er hier … also, du und ein Freund … also, Tommy will ja auch sein eigenes Leben führen.«

Mein Vater war ein Meister darin, solche Sätze zu sagen. Er schrammte dann oft haarscharf daran vorbei, mir zu zeigen, dass er meine Identität befremdlich fand. Aber recht hatte er in diesem Moment: Ich wollte mein eigenes Leben führen.

Ich schwieg weiterhin, überlegte, was ich auf das Gestammel meines Vaters antworten sollte, und hörte halb zu, während er erneut ansetzte, um sich zu erklären.

»Und da haben wir zunächst gedacht, dass Tommy vielleicht in ein Zimmer auf dem Dachboden ziehen könnte.«

»Es gibt ein Zimmer auf dem Dachboden?!« Dennis schaltete sich ein und spuckte beim Sprechen eine unzerkaute Bohne auf seinen Teller.

»Nein, das müsste noch gebaut werden. Ist natürlich nicht optimal. Deshalb haben wir dann gedacht, dass Tommy ja auch in ein Zimmer im Keller ziehen könnte ...«

Keine Ahnung, warum er plötzlich von mir in der dritten Person sprach, obwohl ich mit am Tisch saß. Diesmal ließ er meinem Bruder jedoch keine Zeit zum Reingrätschen, sondern ergänzte sofort: »... was natürlich erst noch renoviert und eingerichtet werden muss. Also, jetzt könnte man da nicht leben.«

Ich machte mich wieder an die Arbeit beim Bohnenzipfel. Der war so fest mit einem Faden verbunden, dass ich beim Zerren und Ziehen lediglich einen immer längeren Faden und immer weniger Bohne auf dem Teller hatte.

»Und da dachten wir dann, dass ihr bestimmt zusammenwohnen wollt. Ihr seid ja jetzt auch erwachsen. Als ich ein junger Mann war, wollte ich auch sofort ein eigenes Heim haben. Das ist bei euch bestimmt genauso.«

Ich wusste nicht, ob er mit »euch« meinen Freund und mich meinte oder mich und mein »queeres Volk«, für dessen Bürgermeister mich mein Vater immer schon hielt und so tat, als müsste man als Schwuler alle anderen homosexuellen Männer und Jungs aus der Stadt kennen. Ich fragte nicht nach. War mir letztendlich auch egal. Es gibt Menschen, die sind neugierig, etwas über Unterschiede zu erfahren, und es gibt Menschen, bei denen jede Erklärung nur vergebene Liebesmüh ist.

Ich blickte meinem Freund in die Augen und atmete erleichtert aus. Ich hatte viele Blicke von ihm erwartet: genervt, erschrocken, angewidert, teilnahmslos. Aber nein, er sah mich irgendwie erfreut an. Und so wurde es beschlossene Sache und ich zog knapp eine Woche später zu meinem festen Freund in die Zweizimmerwohnung, die übrigens direkt über der Wohnung seines Vaters lag.

Der Umzug an sich war nicht sehr anstrengend. Die Wohnung war ja bereits voll ausgestattet und auch wenn sie nicht sehr modern oder schick eingerichtet war, erfüllte sie ihren Zweck. Ich nahm also nur mit, was ich wirklich benötigte, und ein bis zwei Möbel, mit denen wir ältere Möbelstücke von meinem Freund ersetzen wollten. Ein paar ausgewählte Dekoelemente aus meinem alten Zimmer mussten auch mit, denn mein Freund hatte, wie viele Männer, kein Auge für Farben, Formen und Einrichtung. Wir wollten am Abend vor dem Umzug nichts Großartiges unternehmen, damit wir am kommenden Morgen fit waren. Wir übernachteten im Haus meiner Eltern, kamen gegen einundzwanzig Uhr von einem Spaziergang nach dem Essen zurück und gingen direkt auf mein Zimmer und ins Bett. Meine Eltern waren an diesem Abend bei der Schwester meiner Stiefmutter und Dennis war bei irgendeinem Freund, sodass unser Haus ganz still war.

Als wir im Bett lagen, kreisten meine Gedanken um meine Zukunft in einer eigenen Wohnung. Ich würde zum ersten Mal nicht bei meiner Familie wohnen.

Sieh dich an, Tommy!
Vor ein paar Jahren hast du dir noch Gedanken darüber gemacht, bei einer halbfremden Person ein Wochenende zu übernachten, und jetzt ziehst du aus! Du wirst flügge.
Du wirst dein eigener Herr, du wirst erwachsen, du wirst frei.

Ich hatte eine ziemlich klare Vorstellung von dieser neu gewonnenen Freiheit und wie sie ab dem nächsten Tag aussehen würde. Ich war mir sicher, dass _____ und ich in der ersten gemeinsamen Nacht in unserer ersten gemeinsamen Wohnung mein erstes Mal haben würden. Wir würden uns zur Feier des Tages eine kleine Besonderheit als Essen gönnen, vielleicht sogar mit Nachtisch! Nach dem Essen würden wir gemeinsam abwaschen, uns um unser Zuhause kümmern, völlig geschafft ins Bett sinken und anfangen, uns zu küssen, uns anzufassen und auszuziehen.

Wahrscheinlich hatte ich während meiner Gedankenreise schwerer geatmet als üblich, denn mein Freund schaute mich an und legte seine Stirn in Falten. »Hm? Was denn?«, fragte er.

»Ich hätte morgen gerne Nachtisch«, verkündete ich, als wäre das ein größenwahnsinniger Wunsch, für den ich mich eigentlich entschuldigen müsste.

»Okay ... Worüber du dir so Gedanken machst.«

»Wäre doch schön, oder?«, fragte ich und schaute ihm von unten in die Augen. Er nickte. Ich streckte mich ein bisschen, um ihm einen Kuss geben zu können, einen kleinen schüchternen Gutenachtkuss nur, aber zu meiner Überraschung wurde daraus ein Rumgeknutsche voller Leidenschaft, Feuchtigkeit und Gefummel. Die fehlende Romantik hatte mich in diesem Moment absolut nicht gestört, denn in meinen Augen waren nur Frauen romantisch veranlagt ... Heute weiß ich es besser. Plötzlich hörte ich ein plastikartiges Knistern, öffnete die Augen und löste meine Lippen von seinen. Wir schauten uns an.

»Hm?«, fragte er, als wüsste er von nichts.

»Was war das?« Verwirrt blickte ich mich um.

Er zückte ein einzelnes verpacktes Kondom und hielt mir das bunte Quadrat mit einem schüchternen Grinsen unter die Nase. Langsam dämmerte mir, dass mein erstes Mal *nicht* in der ersten gemeinsamen Nacht in der ersten gemeinsamen Wohnung stattfinden würde. Ich starrte wohl eine Weile zu lange auf die Verpackung in seiner Hand, deshalb ergriff er wieder das Wort.

»Vertrau mir«, sagte er, öffnete die Verpackung, holte das Kondom heraus und hielt es von außen am Zipfel fest. Jetzt erst spürte ich mit meinem Bein, dass er bereits drei hatte. Ich vertraute ihm, aber wenn Leute sagen, dass das erste Mal etwas ganz Besonderes ist, dann waren sie bei meinem nicht dabei. Vielleicht hätte ich ein paar Studierende einladen sollen, damit sie Daten sammeln konnten für wissenschaftliche Zwecke.

Sex ist ein sehr kurzes Wort dafür, dass da so viel Ballast mit dranhängt. Bevor man Sex hat, verspricht man sich davon die Lösung so mancher Probleme. Nachdem man Sex hatte, erscheinen neue Probleme, von denen man nicht einmal wusste, dass sie existieren. Mein Freund und ich waren uns einig, dass wir es langsam angehen lassen wollten. Er war ja vier Jahre älter als ich und hatte viel mehr Erfahrung, das machte mir irgendwie Druck.

Scheinbar hieß langsam in seinem Kopf aber »vor dem Einzug«. War das alles von vornherein sein Plan gewesen heute? Oder hatte er einfach immer überall ein Kondom dabei? Die Fragen prasselten auf mich ein wie Starkregen auf eine Autoscheibe, aber ich versuchte, sie wegzuwischen. Egal, ich war bereit ... glaubte ich. Mein Freund war einfühlsam und sehr rücksichtsvoll, dennoch hatte ich nicht das Gefühl, dass ich Spaß hatte. Es war ungewohnt und seltsam. Ich hatte das Gefühl, dass wir nicht den gleichen Rhythmus hatten. Hier war es unbequem, da störte der Arm und immer wenn ich mich an den Rhythmus gewöhnt hatte, wechselten wir die Position.

Als er fertig war, blieb ich noch eine Weile still liegen. Die Gedanken rasten durch meinen Kopf. War ich überhaupt schwul, wenn es mir nicht direkt gefallen hatte? War es immer so umständlich und unkoordiniert? Würde es mit der Zeit besser werden? Offenbar hatte _____ gemerkt, dass ich mir den Kopf zerbrach.

»Nächstes Mal kommst du auch, wir müssen uns erst mal aufeinander einlassen und gemeinsam herausfinden, was wir beide mögen«, sagte er.

Mir fiel ein Stein vom Herzen. Scheinbar war es völlig normal, nicht gleich in die Vollen zu gehen und den absoluten Spaß seines Lebens zu haben. Ich wusste nicht, was ich erwartet hatte, aber über Fanfaren, Konfettikanonen und ein Tanzorchester hätte ich mich schon sehr gefreut, muss ich zugeben. Wie konnten andere dem ersten Mal so sehr entgegenfiebern, wenn es doch nichts anderes war, als ein fünfzehnminütiges Work-out mit viel Anstrengung und Schweiß? Ich hatte immer geglaubt, es hätte viel mit Sicherheit, Vertrauen und Fallenlassen zu tun. Aber es war nicht so spektakulär, als dass ich es direkt meiner besten Freundin erzählen musste. Vielleicht würde ich ihr von meinem ersten *perfekten* Mal und nicht von diesem ersten überraschenden Mal erzählen.

Der Alltag hatte sich recht schnell breitgemacht in unserer Beziehung. Mein Freund arbeitete im Supermarkt und ich zu diesem Zeitpunkt noch im Hotel. Wir lebten so nebeneinanderher. Es war im Prinzip genau das, was ich von zu Hause kannte, daher fühlte ich mich weder unwohl noch hatte ich das Gefühl, dass mir etwas fehlte. Ich ging einfach davon aus, dass das alles so gehörte, wenn man erwachsen war. Ich erspare dir die Details meines langweiligen Alltags, da abgesehen von Arbeit und Schlafen nicht viel stattfand. Was ich dir nicht erspare, ist ein Erlebnis ein paar Monate nach meinem Einzug, das sich über zwei Tage erstreckte.

Am ersten Tag, einem Mittwoch, war ich abends mit meiner guten Freundin Julia verabredet, die sich immer Jolle nennen ließ, weil sie immer schon kleine Boote geliebt hat und mit ihnen oft in See gestochen war. Was bei ihr allerdings nur hieß, dass sie regelmäßig durch einen kleinen Bach zwei Straßen weiter ruderte. Für sie war das Entspannung pur. Wir saßen in ihrer Küche, hatten gemeinsam Essen gemacht und gequatscht, so wie wir es öfter taten. Julia hatte während ihrer Ausbildung noch bei ihrer Mutter gewohnt. Finanziell ging es ihr deshalb immer ein bisschen besser als mir, sie musste nämlich keine Miete zahlen, solange sie das Auto auftankte, das sie oft benutzte, um zu ihrer Arbeit zu fahren.

Meine Abende mit Julia liefen immer gleich ab: Wir kochten und aßen und sprachen dabei über folgende Themen: ihre Männerprobleme, ihre Arbeit, meine Arbeit, ihre Männerprobleme. In der Reihenfolge. Nur manchmal vertauschten sich der erste und der letzte Punkt. Aber die Probleme waren immer die gleichen und der Grund für ihre Probleme war ebenfalls immer der gleiche: Sie suchte sich einfach immer Arschgeigen aus. An diesem Mittwochabend drückte ich auf die Klingel mit der Aufschrift »Familie Waldoff«, wartete auf den Summer, betrat das Treppenhaus, nahm die fünf Stufen zur Parterre-Ebene mit zwei Sprüngen und wollte an der ersten Tür links klopfen, als diese aufgerissen und ich von Jolle angeschrien wurde.

»Er hat sich *immer noch* nicht gemeldet! Kannste das fassen!?«

»Ich find's auch schön, dich zu sehen«, antwortete ich.

»Jaja, komm rein.« Sie war ziemlich durch den Wind, machte auf der Schwelle kehrt und verschwand in der kleinen Küche. Ich zog eilig meine Schuhe aus und stratzte hinterher. Wir breiteten die Zutaten für unser heutiges Festmahl auf dem Tisch aus. Nudeln, Blattspinat, Pinienkerne, irgendeine helle Soße, kleine Tomaten, Zwiebeln, Karotten. Julia und ich hatten uns angewöhnt, unser Kochen ebenso in Phasen zu unterteilen wie unsere Gespräche. Erst wurde alles geschnippelt, was geschnippelt werden musste, während über Männer gesprochen wurde. Dann, und erst dann, wurde irgendein Knopf am Herd berührt und es wurde zu den Themen auf ihrer Arbeit gewechselt. Heute gab es nicht viel zu schnippeln, wir brauchten trotzdem ewig, weil Julia immer mit der Arbeit aufhört, wenn sie sich in Rage redet. Sie ist wirklich süß.

»Erst fasst er mich da unten nicht ein einziges Mal an. Gar nicht, nie, niente, nada, rien. Und dann sagt er mir nicht Bescheid, bevor er kommt!?«

Ich spielte dann immer den Mediator, der niemandem jemals böse Absichten zutraute, um Julia ein bisschen zu beruhigen. »Es kann doch aber auch bestimmt ganz nett sein, wenn man einfach so unangekündigt Besuch bekommt.«

Julia schaute mich kurz mit gerunzelter Stirn an. »In mein Gesicht, Tommy!«

Oh. »DAS ist was anderes. Das ist ein Unding!«

»Genau! Und jetzt meldet er sich seit …«, Kunstpause, in der sie auf ihre Armbanduhr schaute, die sie seit Jahren nicht mehr trug, »zwei Tagen und zwölf Stunden nicht mehr. Hat der gelitten oder was?«

»Aber das klingt ja eher so, als wäre das gar nicht so verkehrt, dass ihr keinen Kontakt mehr habt. Was willst du denn mit dem?«

»Ich will, dass er angekrochen kommt, damit ich ihm meine Meinung geigen und ihn in den Wind schießen kann. Ich lass mich doch nicht benutzen und wegwerfen, vor allem nicht von dem!«

Das ging eine ganze Weile so weiter, bis ich ihr wieder meine Ansprache hielt, die stets mit meinem Vorschlag endete, dass sie vielleicht ihre Beziehungskandidaten nicht mehr nach Bizeps, sondern nach Benehmen auswählen sollte. Ein Gedanke, mit dem sie sich auch an diesem Mittwoch nicht sonderlich schnell anfreunden konnte, aber ich hatte das Gefühl, wir kamen ein wenig voran.

So waren die meisten Abende mit Julia. Es gab immer Drama! Das für mich wichtige Ereignis fand allerdings erst zum Ende hin statt. Ich wollte vor dem Gehen noch schnell das Bad benutzen. Gerade als ich mir meine Hände gewaschen hatte, fiel es mir ein.

»Verdammt, wir haben kein Toilettenpapier mehr daheim!«

Unsere Konten waren seit meiner Kündigung so leer wie der Spirituosenkeller meiner Eltern nach einem runden Geburtstag und dementsprechend waren wir eine Weile nicht einkaufen gegangen. Nicht zuletzt aus diesem Grund mochte ich die Kochabende mit Jolle echt gern, denn so wurde ich satt und musste immerhin für einen Tag weniger Lebensmittel einkaufen, wenn ich bei ihr aß. Klar nervten ihre Männergeschichten manchmal, aber ich sagte immer: »Lieber einen vollen Magen und eine entspannte Julia als zwei Menschen mit Bauchschmerzen.« Nun stand ich da, gesättigt, mit leerer Blase und sauberen Händen vor dem Spiegel und überlegte, wie schlimm es wäre, wenn ich einfach eine Rolle Toilettenpapier von Julias Eltern mitgehen lassen würde. Langsam öffnete ich den Unterschrank des Waschbeckens und erblickte neben dem WC-Reiniger die Objekte meiner Begierde.

Ja, was soll ich sagen: Ich habe Familie Waldoff beklaut. Das möchte ich nicht schönreden. Allerdings ging mein Raub anders aus als gedacht. Als ich mit der Rolle aus dem Bad kam, um sie schnell im Flur in meinem Rucksack verschwinden zu lassen, stand

Julia plötzlich direkt vor mir und schaute vedutzt auf die Rolle in meiner Hand. »Was ist denn jetzt los?«

»Ähm? Wie meinen?«, stammelte ich mit roten Ohren.

»Ich möchte wissen, was du mit dem Klopapier vorhast.«

Ich beichtete ihr, wie aus dem braven Tommy Toalingling der Klopapier raubende Toalangfinger wurde, und versicherte ihr, dass dies das erste Mal war und es ganz sicher nicht mehr vorkommen würde. Während ich mich um Kopf und Kragen erklärte, wurden die Falten zwischen ihren Augenbrauen immer tiefer, sodass ich mir immer mehr Sorgen machte, dass diese Tat für sie keine Kleinigkeit war. Aber Julia war und blieb Julia.

»Bist du bescheuert? Frag doch einfach! Hier, nimm noch zwei.«

Sie holte zwei weitere Rollen aus dem Badezimmer. Ich zögerte. Meine Schuldgefühle durchstrahlten meinen ganzen Körper. Sie steckte die Rollen für mich in meinen Rucksack und sah mich an.

»Tommy?«

»Hm?«

»Habt ihr denn genug zu essen?«, fragte sie sorgenvoll.

»Ja, klaaar«, versuchte ich überzeugend zu lügen, doch Jolle neigte ihren Kopf und zog eine Augenbraue hoch.

»Komm mal mit.«

Sie führte mich zu der kleinen Speisekammer neben dem Kühlschrank. Ich protestierte.

»Nein, nein, auf keinen Fall«, wehrte ich mich.

Sie nahm ein paar Sachen und reichte sie mir. »Du nimmst das jetzt mit.«

»Nein, wirklich, also ich brauch das gar nicht. Ich mag das auch gar nicht.«

»Hör auf zu plappern, Junge. Du nimmst das jetzt mit und machst euch morgen Abend ein schönes Abendessen.«

Ich lieferte Julia ein paar Gegenargumente, die eigentlich ziemlich gut waren, wie ich fand: »Dagegen ist mein Freund bestimmt allergisch! Für Rotkohl ist ja jetzt gar nicht die Saison! Das kenne ich nicht, also esse ich das auch nicht!«

Aber Julia ließ sich nicht beirren. Mit vollgepacktem Rucksack und dem Plan für ein ordentliches Abendessen am nächsten Tag machte ich mich auf den Rückweg zu meiner Wohnung. (Julia erzählte mir später, dass ihre Mutter bemerkt hatte, dass viele Lebensmittel fehlten, Julia ihr aber gesagt hatte, dass sie einfach ein paar Sachen gesnackt oder weggeschmissen hatte. Sie hat mich nie verraten. (Falls Frau Waldoff das hier grad liest … Ähm, das wäre äußerst unangenehm. Sorry. Liebe Grüße!)

Am nächsten Abend bereitete ich das von Julia gesponserte Festmahl zu. Diesmal gab es zwar wie sonst auch sehr oft Nudeln, aber mit Gemüse, zwei Stücken Filet und einer Soße. Ich hatte so selten selbst Fleisch zubereitet, dass ich es beinahe verhunzt hätte. Die Pfanne war viel zu heiß, ich hatte nichts zum Abdecken und das Fleisch klebte sofort an der Pfanne fest. Also drehte ich die Hitze herunter und traute mich nicht höher als bis zur ersten Stufe, was dazu führte, dass das Fleisch sehr lange brauchte, um durch zu sein. Als das Fleisch endlich fertig war, waren die Kartoffeln schon kalt. Also ja, zugegeben, das Abendessen war jetzt nichts, was den Restauranttester überzeugt hätte, aber für meinen Freund und mich war es mehr als gut.

_____ staunte auch nicht schlecht, als er nach Hause kam und den gedeckten Tisch sah. »Ist hier jemand eingebrochen und hat uns Essen gekocht!?«, witzelte er, als er seine Ärmel hochkrempelte und sich die Lippen leckte. Vermutlich dachte er, dass ich plötzlich mit meinem Konto ins Minus gehen konnte oder dass seine Eltern etwas vorbeigebracht hatten, aber ich klärte ihn auf. Glücklich verschlangen wir das außergewöhnliche Essen.

Als wir abgedeckt und abgewaschen hatten, sagte ich ihm, er könne sich aussuchen, was auch immer er an diesem Abend unternehmen wolle. »Ich gehöre ganz dir«, zwinkerte ich ihn an und streichelte seinen Rücken. Das war immer _seine_ Stelle. Fast wie ein K.-o.-Punkt. Egal ob er wach oder müde, glücklich oder wütend, entspannt oder genervt war; wenn man ihn am Rücken zwischen den Schulterblättern streichelte, war ihm alles andere egal. Doch heute verfehlte die Geste ihre Wirkung.

»Bin ziemlich müde, ehrlich gesagt. Können wir einfach 'nen Film gucken?«, fragte er mich und ließ mich in der Küche stehen.

Während ich mit meinem Freund auf dem Sofa saß und wir zum zehnten Mal seinen Lieblingsfilm (*Freibeuter der Meere*) schauten, wurde ich von einer so starken Langeweile gepackt, dass ich mich völlig freiwillig entschied, die Wäsche zu machen. Der Keller kam mir total gelegen. Wir hatten nur zwei Waschmaschinen für das ganze Haus, in dem sich acht Wohnungen befanden. Um unsere Wäsche nicht mit anderen Familien zu verwechseln, stellten wir immer ein mit Namen beschriftetes Waschpulver auf die Maschine. So wussten alle Leute im Haus stets, beim wem sie klopfen mussten, wenn die Maschine mal wieder zu lange blockiert war. Zu meiner Überraschung stellte ich fest, dass wir gerade eine fertige Maschine hatten. Vermutlich war er deshalb auch so müde?

Wow, dass ich das noch erleben darf, dachte ich. *Mein Freund hatte die Wäsche gemacht!* Dieser Tag musste im Kalender festgehalten werden. Als ich die Wäsche aus der Maschine nahm, fiel mein Blick auf ein mir unbekanntes hellblaues Kleidungsstück. Huch? Hatte ich doch versehentlich die Wäsche der Nachbarn aus der Maschine geholt? Es stand doch unser Waschpulver auf der Maschine? Sogar der Weichspüler mit unserem Namen war noch offen, und das war doch wohl ein eindeutiges Zeichen, dass mein Freund gewaschen hatte. Vorsichtig stöberte ich durch das Gewaschene. Nein, alles andere gehörte uns. Ich überlegte eine Weile, was das zu bedeuten hatte, aber tief in mir wusste ich natürlich ganz genau, in welcher Situation ich mich befand. Also begann ich zu überlegen, wie ich mit dieser Situation am besten umzugehen hatte. Ignorieren? Nein, ignorieren konnte ich das nicht. DAS nicht. Merken und schauen, ob so was noch mal passieren würde? Wollte ich auch nicht, einmal ist keinmal, aber wenn sich meine schlimmsten Befürchtungen bewahrheiten würden, war einmal

einmal. Und das würde reichen. Ihn ruhig und gelassen darauf ansprechen, damit er nicht das Gefühl hatte, mich hektisch anlügen zu müssen, sondern mir die Wahrheit anvertrauen konnte? Oder die nukleare Option …

Flatsch! Mit großem Schwung klatschte ich die nasse Unterhose auf den Wohnzimmertisch. »Weißt du, wem diese Boxershorts gehören?« Mit großen Augen schaute ich meinen Freund an.

»Ach, das sind meine«, entgegnete er mir. Da ich mich wirklich immer sehr sorgsam um unsere Wäsche gekümmert hatte und sogar die Unterwäsche beim Wegräumen immer zusammenlegte, kannte ich natürlich auch den Kleiderschrank meines Partners in- und auswendig und wusste sofort: Das war eine eiskalte Lüge! Es konnten nicht seine Shorts sein.

»Ach, sind die neu?«, fragte ich gespielt unwissend.

»Ja, quasi. Hab die jetzt sicher schon 'ne Woche«, sagte er sanft und schaute weiterhin auf den Fernseher. Ich inspizierte das Beweisstück etwas genauer. Die ausgewaschene Farbe und der abgenutzte Gummibund wirkten im hektischen Flimmern des Actionstreifens unreal und eher wie eine klischeehafte Filmrequisite als wie ein echter Gegenstand. Meine Arme wurden schwer.

»Ich wusste nicht, dass du darauf stehst, gebrauchte Boxershorts zu kaufen! Die hier sind total ausgewaschen.«

Plötzlich wurde er rot und schnappte sich den hellblauen durchnässten Fetzen. »Ach, die sind das. Ja, die hat ein Kumpel vorbeigebracht, die habe ich vor Ewigkeiten mal bei ihm vergessen«, entgegnete er und atmete erleichtert auf.

Warum nannte er den Kumpel nicht beim Namen? Ich kannte seine Freunde und von den beiden war in den letzten Wochen keiner hier gewesen. Und außerdem: Wer zum Henker vergaß Unterwäsche bei Freunden? Das war mir in meinen achtzehn Jahren nicht ein einziges Mal passiert.

»Muss ja echt superlange her sein, dass du deine Unterhose dort vergessen hast. Wann hast du das letzte Mal Größe S getragen?«, entgegnete ich forsch. Schach und matt!

Nun hatte ich ihn da, wo ich ihn haben wollte. Entwaffnet in der Ecke, ohne Ausweg, ohne weitere Ausrede. Meine Vorahnung hatte sich bestätigt. Keine Ahnung, warum ich nicht einfach direkt gefragt hatte, anstatt mir eine verletzende Lüge nach der nächsten anzuhören, aber mit jeder dieser Lügen staute sich mehr Wut in mir an.

»Die habe ich für dich besorgt?«, versuchte er den letzten Strohhalm zu ergreifen. Ich schüttelte ganz langsam meinen Kopf, um zu signalisieren, dass er sich in einer Sackgasse befand.

»Ja, die ist halt von Lennart«, flapste er mich an, während er gleichgültig mit den Schultern zuckte, so als hätte ich es doch wissen müssen.

Noch nie war ich so sauer und enttäuscht auf einmal. Meine Füße kribbelten, der Boden wankte und der Kloß in meinem Hals wurde dicker. Meine Ohren wurden heiß und mein Arm schnellte unkontrolliert nach oben. Patsch!

Ich bin nicht stolz darauf, das war das erste und bislang letzte Mal, dass ich jemandem eine Ohrfeige gegeben habe. Na ja, wenn man das denn so nennen konnte, denn weder war ich besonders stark noch hatte ich in dem Moment die Energie, um genug Kraft aufzuwenden für eine filmreife Backpfeife. Lennart war _____ Ex-Freund. Der Ex-Freund, der während unserer Beziehung stets allgegenwärtig war, denn mein (bis dato noch) Freund hatte nach wie vor noch Kontakt zu ihm.

»Man kann doch wohl mit seinem Ex noch befreundet sein«, hieß es immer, wenn ich ihm mein Unbehagen mitteilte. Dass für Lennart auch noch Rechnungen bezahlt wurden, obwohl wir selbst sehr wenig Kohle hatten, setzte dem Ganzen die Krone auf.

Freunde sind die Familie, die man sich aussucht, würde ich sagen.

Selbstverständlich kann man auch noch mit Ex-Partnern und Ex-Partnerinnen befreundet sein, nur sollten sich alle damit wohlfühlen und man selbst sollte mit dieser Freundschaft seinen aktuellen Partner nicht hintergehen.

Vermutlich wäre es mir besser gegangen, wenn ich ihn mal kennengelernt hätte, aber das wollte mein Ex-Freund nie. Ex-Freund! Sofort schossen mir die Tränen in die Augen. Ich wusste, dass die Beziehung zu wenig Potenzial hatte, um diesen Ausrutscher wieder zu kitten. Tief im Innern erkannte ich es: Deshalb lebten wir nebeneinanderher! Deshalb war alles so festgefahren! Es war einfach keine Liebe! In diesem Moment war ich zu unerfahren, zu verletzt und zu jung, um ihm so etwas zu verzeihen. Ich brauchte jetzt vor allem eins: Zeit für mich. Ich verließ ohne ein weiteres Wort die Wohnung und ging blind durch die Gegend. Ich konnte keinen klaren Gedanken fassen. Ich hatte alles im Kopf, nur keinen Plan, wie es weitergehen sollte.

Die Felder in Isernhagen bei Hannover boten eine unheimlich weite Sicht, die mir normalerweise vom hohen Korn verborgen blieb. Warum war ich so selten hier? Der Ort ist so schön. Plötzlich packte es mich. Ich sprintete los. Ich lief so schnell über einen trockenen Acker, wie meine Beine mich tragen konnten, stolperte über Steine, sackte manchmal tief in weiche Erde, ging teils in die Knie, aber kämpfte mich immer wieder zurück auf die Beine. Weiter, immer weiter durch die Freiheit. Tränen liefen mir übers Gesicht, meine Brille beschlug. Ich lief und lief. Ich rannte. Ich schrie. Schreie der Verzweiflung, der Erleichterung, des Schmerzes. Mitten auf dem Feld verließ mich die Kraft. Ich sackte auf die Knie, vergrub mein Gesicht in meinen Händen und schloss die Augen. Stille.

Und jetzt? Zu meinen Eltern wollte ich nicht zurück, auch wenn ich es vermutlich gekonnt hätte. Seit meinem Auszug hatte sich die Beziehung jedoch stark abgekühlt und es blieb bisweilen bei höchstens einem Besuch in der Woche. Meistens wurde dann gestritten und diskutiert. »Jetzt hast du ja endlich Zeit, um zu studieren«, hörte ich meinen Vater schon sagen. Ich öffnete meine Augen. Rechts und links war nichts und niemand zu sehen, nur die Weiten der Felder in Isernhagen bei Hannover.

GROSSE
LIEBE

Du kennst das, du wachst morgens auf und bist single. Na ja, was heißt »morgens«? Du hast die halbe Nacht geweint, bist dann irgendwie bei deiner besten Freundin gelandet, weil du ihr im Fünfzehnminutentakt Nachrichten geschickt hast, wie schlecht es dir geht, und hast dann bis sechzehn Uhr bei ihr geschlafen, weil du so fertig warst vom nächtlichen Weinen. Kennst du nicht? Nun, so ist es mir ergangen. Nachdem ich dann pünktlich zum Abendbrot wach war, verbrachte ich Zeit mit Nathalie, um mich weiter bei ihr auszuweinen.

»... und deshalb werde ich nicht ausziehen, sondern bei meinem Ex-Freund wohnen bleiben«, beendete ich meinen Monolog nach einer gefühlten Ewigkeit. Nathalie schaute mich nachdenklich an und nahm den letzten Schluck aus ihrer Teetasse. Wir saßen auf dem Balkon ihrer kleinen Einzimmerwohnung. Mittlerweile war es dunkel und frischer geworden.

»Denkst du wirklich, dass es eine gute Idee ist, dir die Wohnung mit deinem Ex-Freund zu teilen? Das ist schlimmer als Orangensaft nach dem Zähneputzen, nasse Ärmel beim Abwaschen oder sich den kleinen Zeh am Bett zu stoßen! Jeden Morgen! An beiden Füßen!«, redete sie sich in Rage. »Ich meine, ihr könnt euch ja nicht so wirklich aus dem Weg gehen?«, hakte sie nach.

Okay, sie hatte schon irgendwie recht, denn die Wohnung war wirklich winzig. Zwei Zimmer mit insgesamt fünfundzwanzig Quadratmetern. Das Schlafzimmer war so schmal, dass ausschließlich ein einziges Doppelbett hineinpasste. Da beneidete man doch glatt Harry Potter, denn der hatte unter der Treppe wenigstens noch ein Regal. In meinem Schlafzimmer konnte man nicht einmal seitlich am Bett vorbeigehen, denn es stand direkt an der Wand und man musste vom Bettende aus ins Bett kriechen.

»Was soll schon passieren? Soll er mir noch einmal fremdgehen? Ich bin durch mit ihm!«, sagte ich und versuchte, meiner Stimme Nachdruck zu verleihen, als wäre ich längst über den

Fehltritt meines Ex-Partners hinweg. »Ich bin nach meiner Entdeckung der fremden Unterwäsche lange spazieren gewesen, um anschließend mit ihm einen Plan für die Zukunft zu machen. Wir haben den ganzen Tag diskutiert und uns dann jeder das Wochenende über Bedenkzeit genommen«, ergänzte ich, zufrieden über meine erwachsene Entscheidung.

Nach dieser Bedenkzeit, in der er zu seiner Familie aufs Land gefahren war und ich die Wohnung für mich allein hatte, kamen wir zu dem Entschluss, dass wir es als Wohngemeinschaft probieren könnten. Ich würde vorerst das kleine Schlafzimmer als mein Zimmer nehmen und er hatte vor, sich im Wohnzimmer einzuquartieren. Monatlich wollten wir dann rotieren, damit jeder mal das große Zimmer hatte. Ich empfand das als faire Lösung, denn ein Umzug zurück zu meinen Eltern kam nicht infrage.

Eine eigene Wohnung hätte ich mir auch nicht leisten können, da ich mich gerade erst an einer Wirtschaftsschule eingeschrieben hatte, um nicht ganz untätig zu Hause herumzusitzen und auf die Antworten von meinen offenen Bewerbungen zu warten. Warum ich mich noch immer bei Hotels bewarb, obwohl ich gemerkt hatte, dass es mir keinen Spaß bereitete, weiß ich nicht. Es lag sicherlich daran, dass Neuanfänge und Veränderungen für mich anstrengend sind und mir wie eine Hürde vorkommen. Daher wollte ein Teil von mir in diesem gehassten Job bleiben und ein anderer Teil die Wohnung mit dem Ex teilen.

Vermutlich hätte ich mir auch eine neue WG suchen können, aber in der Gegend, in der ich nun schon fast ein Jahr lang wohnte, gab es eher Einfamilienhäuser und Bauernhöfe, und da gestaltete sich die Wohnungssuche schwierig. Obwohl ... sieben bis acht Hühner könnte ich mir als Mitbewohnerinnen doch recht gut vorstellen. Das Gegacker kannte ich ja bereits von Nathalie und Lara, wenn sie sich mal wieder über den neusten Klatsch und Tratsch von ihrer Arbeit unterhielten. Dass die beiden im selben Betrieb arbeiteten, machte es mir schwer, den ganzen Insidern zu folgen, sodass ich oft nur nickend bei ihnen saß und krampfhaft versuchte, hinterherzukommen oder vor lauter Belanglosigkeit nicht den Verstand zu verlieren. Mareike hatte wohl wieder die gleiche Bluse an wie letzte Woche, Jochen klaute ständig Druckerpapier, bei Sabine und Torsten aus dem Marketing schien wohl was zu laufen, und wenn noch einmal jemand das Essen von Lara aus dem Kühlschrank klauen würde, dann gäbe es einen richtigen Aufstand. Beide hatten David im Verdacht, der Dieb der Lunchpakete zu sein, denn er verhielt sich wohl verdächtig. Ich konnte es ihm nicht übel nehmen, falls er wirklich der Langfinger sein sollte, denn Lara bereitete stets großartige Gerichte zu, da konnte man schon mal schwach werden.

»Ich rede davon, dass es deine Wohnsituation schwer macht, wieder mit dem Daten zu beginnen«, erklärte Nathalie und schenkte uns neuen Tee ein. Ich legte mir eine Decke über die Schultern und sackte auf meinem Stuhl zusammen.

»Pff, dass ich nicht lache. Den Teufel werde ich tun. Ich date ganz sicher nicht mehr. Man hat ja gesehen, wohin es mich gebracht hat. Nur Verrückte unterwegs auf den Datingplattformen dieser Welt. Mich würde es nicht wundern, wenn mein nächstes Date mein Erstgeborenes verlangt und meine Seele kaufen möchte oder meine Niere.« Ich pustete in meine Teetasse. Meine Brille beschlug. »Vielleicht werde ich doch wie mein Opa, der ist auch allein glücklich. Vermutlich würde ich mir dann aber vier bis zehn Katzen zulegen, damit ich Beschäftigung habe«, witzelte ich.

Noch lange saßen wir an dem Abend auf dem Balkon und redeten. Nathalie hatte durchgehend Sorgenfalten auf ihrer Stirn. Ihr gefiel es gar nicht, dass ich mich nicht von meinem Standpunkt wegbewegte. Es war für mich einfacher so und ganz sicher auch der Weg des geringsten Widerstands, es bei dieser Wohnung zu belassen. So musste ich schließlich keinen Umzug in Auftrag geben oder selbst organisieren.

Ich saß in der Bahn auf dem Weg von Nathalie zu mir nach Hause in die neue Wohnsituation. Ich war nun single und hatte anstelle eines Freundes nun einen Ex-Freund und einen Mitbewohner. Klang irgendwie erwachsen: »Ich wohne in einer Wohngemeinschaft und mein Mitbewohner stört mich auch fast gar nicht. Willst du mal meine Lohnsteuerkarte sehen? Ich bin erwachsen.« Oder nach Daily Soap: »Klar kannst du heute vorbeikommen, mein Mitbewohner muss arbeiten und ich hab sturmfrei.« Das waren nur einige der Sätze, die ich in meinem Kopf aufsagte. »Nächster Halt: Langenhagen«, tönte es aus den Lautsprechern der Straßenbahn. Also, verstanden hatte ich es nicht, was der Fahrer ins Mikro genuschelt hatte, aber die Gegend sah vertraut genug aus, um auszusteigen. Hier stieg ich in den Bus, um zwanzig Minuten später in Isernhagen in meiner WG anzukommen. Dort erwartete mich … Stille.

Die Wohnzimmertür war geschlossen. Um kurz vor zwölf in der Nacht hatte ich nicht erwartet, dass mein Ex-Freund und Mitbewohner noch wach war, also begab ich mich in mein Zimmer. Ich schloss die Tür hinter mir und legte mich aufs Bett. Hm, ganz schön öde, so ganz ohne Fernseher. Ob ich wieder mit dem Lesen anfangen oder mir ein Hobby suchen sollte? So was wie Stricken oder Häkeln? Ich war noch nie sonderlich geschickt mit den Fingern, aber vielleicht ließe sich meine Motorik etwas trainieren. So lag ich eine Weile still und nachdenklich in meinem Zimmer. War es vielleicht wirklich eine doofe Idee, hier wohnen zu bleiben? Mit all den Erinnerungen, mit all den Gewohnheiten des Ex-Partners, mit der ganzen Vorgeschichte?

»Zähne zusammenbeißen und durch«, sagte ich mir und öffnete meinen Laptop, den ich in meinem Rucksack am Ende des Bettes verstaute. Ablenkung soll ja bekanntlich Wunder wirken. Wie hieß noch gleich die Datingplattform?

In den nachfolgenden Wochen verbrachte ich so wenig Zeit wie möglich in der Wohnung. Das kleine Zimmer bot sich einfach nicht an, um Gäste zu empfangen oder in Ruhe entspannen zu können.

Oder um entspannt ein- und auszuatmen. Die Enge und das wenige Licht, das durch das Dachfenster ins Schlafzimmer schien, machten mich fertig. Also beschloss ich, zwischen Freundinnen, Freunden und Dates hin und her zu pendeln und meine Nächte außerhalb von Isernhagen zu verbringen.

Dass ich nach dem Fremdgehen meines Ex-Freundes nun versuchte, mit möglichst vielen Dates mein angeknackstes Selbstbewusstsein aufzubauen, war vielleicht nicht die beste Idee, aber schlecht war sie bei Weitem auch nicht. Ich begab mich schließlich nie in eine Gefahrensituation, meine beste Freundin wusste stets, wo ich mich befand, und ich hatte immer ein Kondom dabei, falls es mal zu mehr kommen würde. Ich finde es wichtig, immer auf alle Eventualitäten vorbereitet zu sein. Es wäre äußerst ungünstig, etwaige Intimitäten abbrechen zu müssen, weil man nicht vorausgeplant hat.

Wenn ich doch einmal zu Hause schlief, verbarrikadierte ich mich in meinem Zimmer – egal, ob ich das kleine oder das große Zimmer, den Westflügel quasi, bewohnte. Wenn ich jetzt sagen würde, dass mein Ex und ich ein freundschaftliches Verhältnis hatten, wäre es gelogen. Wir gingen uns so gut es ging aus dem Weg, grüßten uns lediglich, wenn wir uns sahen, und beließen unsere Gespräche beim Nötigsten.

»Hast du den Brief von der Vermietung schon geöffnet?«, fragte ich ihn eines Tages auf meinem Weg von der Wohnungstür in den Westflügel. Er nickte mir von der Küche aus zu, stellte eine Kaffeetasse auf den viel zu hohen Stapel mit dreckigem Geschirr und eilte in sein Zimmer. »Warte, ich hole ihn«, hörte ich ihn aus dem kleinen Schlafzimmer rufen.

Ich legte meinen Schulrucksack in mein Zimmer und kehrte langsamen Schrittes zurück in die Küche. Der Brief hatte sicher eine Woche ungeöffnet auf dem Regal im Flur gelegen und da er nicht an mich adressiert war, heftete ich irgendwann an die Zimmertür meines Mitbewohners einen Klebezettel, mit der Bitte, sich um den Brief zu kümmern.

»Hier ist er«, murmelte mein Ex und hielt mir den Brief entgegen. Ich überflog ihn, während ich mir die Schuhe auszog. »... darauf hinweisen ... erneute Mitteilung ... Mietrückstand.«

MIETRÜCKSTAND?

Fassungslos schaute ich meinen Ex an, der wie ein Trottel im Türrahmen stand. Offenbar redeten wir weniger miteinander, als ich gedacht hatte, denn dass wir keine Miete gezahlt hatten, war mir völlig neu.

»Also, erst musste das Auto zum TÜV und dann war kein Geld mehr da. Diesen Monat habe ich es dann halt vergessen«, murmelte er kleinlaut, während er mit seinen Fingern an der Türdichtung herumpopelte.

»Regle das! Frag deinen Vater nach Geld oder verkauf eine Niere. Egal, wie du es machst, mach es schnell!«, forderte ich ihn wütend auf. Da ich meinen Teil der Miete stets per Dauerauftrag an meinen Mitbewohner überwiesen hatte, war ich überrascht von dieser Dreistigkeit.

Kopfschüttelnd düste ich ins Bad – ich hatte nämlich noch ein Date. Auf meinem Handy schaute ich durch meine Benachrichtigungen und dann auf die Uhrzeit. 16:27 Uhr. Wenn ich das Duschen weglaß und mich nur fix frisch machte, würde ich es noch zu meinem Date schaffen. Ein junger Fotograf hatte mich vor einiger Zeit angeschrieben, um mich auf einen Kaffee einzuladen, nachdem ich online seine Kunstwerke gelikt hatte. »Ganz unverbindlich«, hatte er betont, denn er war gerade absolut nicht auf der Suche nach einer Beziehung. Passte für mich. Dass ich keinen Kaffee trinke, hatte ich ihm noch nicht gesagt, aber er würde mich sicherlich nicht im Café sitzen lassen, wenn ich einen Tee bestellte. »Entschuldigung, Tommy? Wir waren auf einen Kaffee verabredet, wie kannst du es wagen, nun einen Pfefferminztee zu bestellen? Das ist absolut unterste Schublade. Tut mir leid, ich muss los.« Eher unwahrscheinlich.

Ich rollte mir noch schnell Deo unter die Achseln, schlüpfte in ein frisches Shirt und sprintete zum Bus, der mich zur Bahn brachte, die mich wiederum pünktlich zum vereinbarten Treffpunkt bringen sollte. In Hannover trifft man sich unterm Schwanz. Was irgendwie verboten klingt, bedeutet einfach nur, dass man sich bei der großen Bronzestatue eines Pferdes trifft, das den ehemaligen König Ernst August auf seinem Rücken trägt. Dass man den Schwanz eines Pferdes eigentlich Schweif nennt, war während der Namensgebung vermutlich allen klar, aber das wäre nicht so schön doppeldeutig gewesen.

Fünfzehn Minuten vor der Zeit kam ich beim königlichen Reiter unterm Schweif an und schaute mich auf dem viel zu belebten Bahnhofsplatz um. Da ich zu früh war, rechnete ich nicht damit, mein Date bereits zu entdecken, daher beobachtete ich ein wenig die anderen wartenden und wuselnden Menschen. Es machte mir Spaß, mir ganz eigene Geschichten zu den Leuten auszudenken und mir auszumalen, in welchem Verhältnis sie wohl zueinander stünden. Während in meinem Kopf gerade also irgendein dramatisches Schicksal stattfand, bei dem ein junger Mann eine bildhübsche Frau unterm Schwanz sitzen ließ, um mit ihrer Mutter durchzubrennen, tippte mir jemand auf die Schulter. Völlig verwirrt schaute ich in das Gesicht eines jungen Mannes, der ganz lässig ein Cap trug und mich anstrahlte.

»Du bist zu früh!« war vielleicht nicht die beste Begrüßung, die ich Maik hätte geben können, aber er nahm es mit Humor.

»Soll ich noch mal gehen und pünktlich wiederkommen?«, grinste er mich an. »Schön, dass du auch überpünktlich bist«, schob er noch hinterher und umarmte mich. Ich erwiderte seine Umarmung. Er roch wahnsinnig gut. Irgendwie frisch und irgendwie ... lecker. Ich riss mich zusammen, ihm nicht in den Hals zu beißen.

»Ich dachte, du bist nicht geoutet?«, brachte ich ihm nach unserer Umarmung entgegen.

»Bin ich auch nicht, warum kommst du drauf?« Er hielt inne. Vermutlich überlegte er, was er falsch gemacht hatte und ob sich vielleicht doch irgendwo eine Regenbogenfahne in seinen Social-Media-Profilen eingeschlichen hatte.

»Ich kenne es nur nicht, dass mich Männer umarmen, wenn sie ungeoutet sind. Viele geben mir dann einfach nur die Hand«, klärte ich ihn auf. Oje, jetzt dachte er sicherlich, dass ich voll oft andere Männer traf und dass er nur einer von vielen war. »Also, einige machen das bestimmt«, lenkte ich hastig ein. »Ich kenne auch gar nicht so viele ungeoutete Männer. Geoutete auch nicht. Kenne eigentlich echt wenig Leute, muss ich sagen. Hab da also auch keinen Vergleichswert.« Während ich versuchte, mich stammelnd zu retten, merkte ich, dass ich es nur noch schlimmer machte, denn Maik schaute mich jetzt noch schräger an. *Tja Tommy, mit dem Mann hast du es dir wohl gleich zu Beginn verscherzt. Zeig ihm doch nächstes Mal das Standesamt oder frag ihn, warum seine Mutter nicht mit dabei ist.* Meine Gedanken sprangen im Dreieck.

Vielleicht lag es gar nicht an den Datingplattformen und an den dort angemeldeten Usern, sondern ausschließlich an mir?

War ich komisch? Wie schnell konnte ich eigentlich rennen? Vielleicht konnte ich die Flucht ergreifen, wenn mein Date kurz blinzelte.

»Na, wenigstens bin ich nicht der Einzige, der aufgeregt ist«, atmete Maik auf. Er lächelte mich an. »In meiner Familie und meinem Freundeskreis umarmen sich alle, unabhängig von Geschlecht oder Sexualität. Ich kenne das gar nicht anders. Aber ja, ich bin ungeoutet«, ergänzte er. Noch ehe ich antworten konnte, setzte er seine Erklärung fort. »Zumindest auf der Arbeit und in der Familie. Nur meine engsten Freunde wissen Bescheid. Und du?«

Wir setzten uns in Bewegung. Er machte viel größere Schritte als ich, sodass ich etwas schneller neben ihm hertippelte. Da er über einen Kopf größer war als ich, musste ich beim Reden immer etwas nach oben schauen. Das würde eine feine Nackenstarre geben. Ich erzählte ihm von meinen Freundinnen und Freunden, meiner Familie und meinem ehemaligen Chef. Kopfschüttelnd zerfetzte er meinen Ex-Arbeitgeber mit seinen Worten. Er war gar nicht mehr zu stoppen und haute eine Beleidigung nach der nächsten raus. Es war nichts dabei, was ich nicht selbst schon über meinen Horrorchef gedacht oder gesagt hätte – bis Maik plötzlich stehen blieb. »Hast du mal darüber nachgedacht, ob dein damaliger Chef vielleicht auf dich gestanden haben könnte? Ich mein, es wäre ja möglich gewesen, oder? Du gibst ihm einen Korb und er flippt völlig aus.«

Daran hatte ich tatsächlich noch gar nicht gedacht. Ich war von dieser Option völlig geschockt. Schnell wandelte sich mein Schock jedoch in Ekel und Unverständnis. Nicht nur wäre ich als Schutzbefohlener ein ganz falscher Partner für meinen Chef gewesen, sondern auch die knapp fünfzig Jahre Altersunterschied machten es für mich besonders gruselig.

»Nein, nein, nein«, rief ich angewidert. »Diese Bilder bekomme ich doch nie wieder aus meinem Kopf. Warum sagst du so was?« Ich schüttelte mich und brach in schallendes Gelächter aus. Mein sympathischer Fotograf stieg ins Gelächter mit ein.

»Tommy, mein Schatz, Sie müssen heute keine Aufgaben mehr übernehmen, kommen Sie einfach in fünf Minuten in mein Zimmer«, säuselte er mit verstellter Stimme und wuschelte mir dabei durch meine Haare. Noch nie hatte ich über das Thema mit jemandem so offen reden und lachen können. So gut es ging, hatte ich es bisher vermieden, dieses Ereignis zu diskutieren oder anzusprechen, doch bei Maik fühlte ich mich einfach sicher und locker.

»Lass uns hier etwas trinken und eine Kleinigkeit essen. Ich lad dich ein.« Er zeigte auf das italienische Restaurant, vor dem wir stehen geblieben waren.

»Klar, gern«, erwiderte ich.

Zwei Pizzen später machten wir uns auf in eine kleine Bar, in der wir unseren entspannten Abend bei diversen Cocktails fortsetzten. »Ich kann mich gar nicht mehr daran erinnern, wann ich das letzte Mal so Spaß hatte«, versuchte ich so klar und langsam wie möglich zu sagen, ohne mir anmerken zu lassen, dass ich ganz schön einen im Tee hatte. Ich konnte nicht mehr sagen, wie viele Sex on the Beach und Caipis ich mir bereits bestellt hatte, zwei, drei, fünfundvierzig vielleicht. Zumindest waren es sichtlich mehr, als es hätten sein sollen. Gerade bei einem ersten Date möchte man sich doch von seiner besten Seite zeigen, oder nicht? »Bin gleich wieder da«, brachte ich hervor, während ich aufstand, um die Toilette aufzusuchen. Maik hatte die ganze Zeit geredet und ich hatte nicht einmal zugehört. Ich hatte ihn einfach unterbrochen und war losgestürmt.

Nachdem ich mich erleichtert hatte, stand ich im Vorraum der WCs vor dem großen Spiegel mit goldenem Rahmen und schaute mir tief und ernst in die Augen. Dann merkte ich, dass das gar kein Spiegel war, sondern ein Bild von einem Typen neben den Waschbecken. Der sah mir aber auch verdammt ähnlich. Okay. Restart. Dieses Mal betrachtete ich wirklich mich nachdenklich im Spiegel. Warum hatte ich mich auf dieses Treffen eingelassen? Warum verabredete ich mich mit einem Typen, der keine Beziehung suchte? Warum hatte ich mit »Das trifft sich gut, ich such auch nichts Festes!« geantwortet, obwohl es gelogen war? War es der Fakt, dass ich ihn unheimlich attraktiv fand und auch ein One-Night-Stand für mich okay gewesen wäre? Oder war es die Hoffnung darauf, dass er nach einem Date mit mir doch eine Beziehung wollen würde?

»Du bist nicht betrunken. Du benimmst dich. Du verkackst es jetzt nicht mit deinem Date. Du gibst dir jetzt mal mehr Mühe«, ermahnte ich mich und gab mir eine sanfte Backpfeife. Ein kleiner älterer Mann betrat den Raum und schaute mich verwirrt an. »Geht schon wieder. Er will sich nur nicht benehmen«, sagte ich selbstbewusst mit einem Fingerzeig Richtung Spiegel, als würde es mein Verhalten rechtfertigen.

Keine Chance. Ich war betrunken. Vielleicht würde etwas Wasser im Gesicht helfen? Nein, lieber nicht. Wenn ich noch länger auf der Toilette blieb, dachte Maik am Ende noch, ich hätte mich übergeben, oder, schlimmer noch, er könnte denken, dass ich ein großes Geschäft erledigt hätte. Also schnell zurück zu Mister Nice Guy.

Noch immer saß er an dem kleinen Zweiertisch direkt an der Säule neben der Bar. Er stützte seinen Kopf mit seiner rechten Hand und hatte dafür seinen Ellenbogen auf dem Tisch. Mit der linken Hand tippte er auf seinem Bierdeckel herum. Er schaute in meine Richtung. »Ich hab schon bezahlt«, sagte er und stand auf.

Oh, damit endete der Abend wohl. Er wirkte viel nüchterner als ich. War er sauer, dass ich ihm nicht zugehört hatte, oder war ich zu lange auf der Toilette gewesen? Meine Gedanken tanzten Limbo.

»Ist doch etwas später geworden, als ich geplant hatte.« Er schob seinen Stuhl an den Tisch und schaute mich an. Ich stand vor ihm und scheinbar konnte man mir meine Enttäuschung oder Verwirrung ansehen, denn er redete direkt weiter. »Das habe ich noch nie gemacht und du weißt, dass ich nicht geoutet bin, aber ich hatte echt Spaß und deshalb ...« Er nahm mit beiden Händen meinen Kopf in seine Hände und küsste mich. Wärme durchströmte meinen Körper. Sein Kuss schmeckte minzig. Hatte er extra ein Kaugummi gegessen oder war es der Mojito, den ich schmeckte? Ich hatte Gänsehaut. Warum küsste er mich, obwohl es für ihn eigentlich unvorstellbar war, dies in der Öffentlichkeit zu tun?

Den Weg von der Bar bis zur Bahnstation gingen wir schweigend nebeneinanderher. Und ich muss zugeben, dass mich in Filmen solche Zeitsprünge immer total stören, weil ich mich frage: »Was haben die Darsteller in der Zwischenzeit miteinander gemacht?« Aber Maik und ich haben uns nach dem Kuss einfach voneinander gelöst, uns überrascht angeschaut und sind, ohne ein weiteres Wort zu verlieren, losgegangen. Jeder für sich mit seinen Gedanken beschäftigt.

Als die Straßenbahn einfuhr, verabschiedeten wir uns mit einer langen Umarmung. Kennst du das, wenn sich ein Erlebnis wie ein Traum anfühlt? Also, nicht so klischeemäßig, weil alles sehr romantisch wirkt, sondern eher so, als würdest du eine Situation von außen betrachten, anstatt selbst dabei gewesen zu sein? So fühlte ich mich in diesem Moment in seinen Armen.

Irgendwann saß ich im Zug und schaute den vorbeiziehenden Lichtern zu, während ich mit meinen Gedanken noch bei ihm war. Wie stellte ich es jetzt am geschicktesten an? Sollte ich ihm noch heute schreiben oder sollte ich warten, bis er sich meldete? Wie lange wartete man nach einem Date eigentlich, bis man sich meldete? Gab es da nicht diese Drei-Tage-Regel? Falls er sich nun doch eine Beziehung mit mir vorstellen konnte, wollte ich ihn nicht verschrecken und der Creep sein, der jede Stunde schrieb oder anderweitig negativ auffiel, weil er wichtige Datingregeln missachtete. Denn Maik würde mir gewiss auch noch schlimmere Dinge zutrauen, wenn ich mir bereits zu Beginn unseres gemeinsamen Lebens einen Fehltritt erlaubte. Ich musste es also geschickt angehen und versuchen, keinen großen Deal draus zu machen. Schließlich dachte Maik zudem, dass ich ebenfalls keine Beziehung suchte, und in dem Glauben sollte ich ihn lassen. Ich beschloss, es einfach locker angehen zu lassen und ihn erst einmal richtig kennenzulernen.

Ich bin cooooool.
Entspannt. Easy.
Hang loose und so.

Die Abstände der am Fenster vorbeiziehenden Lichter wurden größer, ein Zeichen dafür, dass wir bereits aus der Stadt rausgefahren waren.

Ich weiß nicht mehr genau, wie ich an diesem Abend nach Hause gekommen bin, aber ich wachte ausgeschlafen und verkatert morgens um vierzehn Uhr in meinem eigenen Bett auf. Scheinbar war ich völlig bekleidet direkt eingeschlafen, bis auf die Schuhe hatte ich nichts weiter ausgezogen. Als Frühstück diente heute die sprudelnde Kopfschmerztablette im Glas, das ich mir natürlich erst abwaschen musste, denn wie üblich hatten wir kein sauberes Geschirr in der WG. Immer wenn mein Mitbewohner Putzdienst hatte, war es daheim unendlich dreckig und es stapelte sich das Geschirr bis unter die Decke. Was für dich vielleicht wie eine Übertreibung klingen mag, entsprach im wahrsten Sinne des Wortes der Wahrheit. Die Küche befand sich unter der Dachschräge, sodass nicht viel Luft nach oben war und das Ende des Zimmers schnell erreicht war. Genau vier Töpfe, acht Teller und fünf Tassen war unsere Küche hoch. Meine Putzwoche würde morgen beginnen und heute sah es bei uns noch aus wie Kraut und Rüben oder wie bei Hempels unterm Sofa. Ich fragte mich, ob es unter dem Sofa der Hempels bereits schimmelte, denn die untersten Teller unseres Geschirrstapels hatten bereits einen fröhlichen Flaum gebildet. Ich rollte mit den Augen und verschwand in meinem Zimmer. Nicht dass mir noch schlechter wurde, als mir eh schon war.

Mein Laptop war bereits vollständig hochgefahren, als ich mein Glas geleert hatte. Ich loggte mich mit meinem Datingprofil ein. Ich ging in meinem Kopf ein paar Möglichkeiten durch, ein lockeres Gespräch mit Maik zu beginnen. »Lieber Maik, ich kann mich an nichts mehr von gestern erinnern. Wir müssen den Abend wohl wiederholen.« Vielleicht lieber: »Bist du heil zu Hause angekommen oder bist du auch in einem fremden Bett aufgewacht?« Nein, vielleicht besser ganz unverbindlich: »Na? Wie geht es weiter? Wollen wir durchbrennen und überstürzt heiraten?« Plötzlich bemerkte ich eine Nachricht in meinem Posteingang. Maik! Mein Herz klopfte. Mir wurde schlecht. Musste am Schimmelgeschirr liegen. Er hatte geschrieben: »Danke für den schönen Abend. Hier meine Nummer, darüber bin ich einfacher erreichbar.« Ein Teil von mir wollte direkt alle meine Profile auf sämtlichen Datingportalen löschen, meinen Status auf »vergeben« ändern, ihn anrufen und ein neues Treffen ausmachen, aber der andere Teil von mir, der unbedingt schnell das Bad aufsuchen wollte, gewann.

Mit den Ellenbogen auf der Klobrille saß ich meinen Kopf stützend auf dem Boden vor der Toilette.

Ich trinke nie wieder Alkohol.
Dieses Mal wirklich!

Oft hatte ich diesen Gedanken in der Vergangenheit bereits gehabt, und wie ich so da kniete und mir die Cocktails noch einmal durch den Kopf gehen ließ, schmiedete ich einen Plan. Ich würde ein besserer Mensch werden! Ich würde das mit dem Alkohol sein lassen, würde auf die vielen Dates verzichten und mich auf die einzige Person konzentrieren, die mir wichtig sein sollte: Maik. Wenn es also so etwas wie Liebe gab, dann würden wir schon zusammenfinden, ich durfte es einfach nur nicht erzwingen oder herausfordern. Einfach locker passieren lassen und dann würde es sich sicher so fügen, wie es sollte.

Direkt am Folgetag setzte ich mich an meinen Laptop und öffnete alle Datingplattformen, auf denen ich angemeldet war. Jede Seite in einem eigenen Fenster. Mit einer Hand an der Maus und der anderen am Handy wollte ich nun mein Schicksal in die Hand nehmen.

»Du kannst doch nicht all deine Profile löschen? Findest du das nicht ein bisschen überstürzt?«, krähte Lara aus dem Hörer, während Nathalie nur am Lachen war.

»Ich will halt nicht in Versuchung kommen, mich von anderen Typen ablenken zu lassen, sondern ich will mich auf einen Kerl konzentrieren. Hallo, ich kann beim Kochen nicht einmal auf zwei Töpfe gleichzeitig aufpassen, ohne dass etwas anbrennt, überkocht oder explodiert, wie soll ich denn in der Lage sein, mehrere ernsthafte Dates parallel zu führen?«, erklärte ich mich. Mit der Maus navigierte ich zum Log-in der einzelnen Seiten.

»Du hast doch schon mehrere Typen nacheinander oder gleichzeitig getroffen, was ist denn jetzt anders?«, lachte Nathalie.

»Dass es nun um mehr als nur Spaß geht?!«, flapste ich. Stille. Offenbar hatten die beiden keine Ahnung, wie ernst es mir tatsächlich war.

Eine meiner beiden Freundinnen atmete schwer aus und Nathalie ergriff das Wort. »Dann lösch aber nicht die Plattform, auf der du ihn kennengelernt hast. Lass das Profil als Alibi bestehen, sodass er nicht unter Druck gesetzt wird.« Gute Idee eigentlich, dann schöpfte er keinen Verdacht und ich musste ihm nicht sagen, dass ich mich nur auf ihn konzentrieren wollte.

Dieses Profil sollte also bestehen bleiben.

Auf zum nächsten. Profil bearbeiten. Profil löschen. Bestätigen. Das nächste. Profil bearbeiten. Konto schließen.

Fühlte sich gut an.

Auf der nächsten Plattform hatte ich bislang nicht viel Erfolg gehabt. Bis auf Small Talk kam für mich nicht viel rum, da die Website recht unbekannt war und in meiner Nähe kaum jemand auf der Seite vertreten war. Ich loggte mich ein, voller Vorfreude darauf, mein letztes Profil zu löschen, als ich eine Nachricht im Postfach sah.

»Hey.«

Ernsthaft? Man hatte alle Möglichkeiten der Welt, einen ersten Eindruck zu hinterlassen, und man entschied sich für ein »Hey«? Keine offene Frage, kein Bezug zu mir oder meinem Profil, einfach nur »Hey«. Das war, als würde man bei einem Bewerbungsgespräch nur den Kopf durch die Tür stecken, Hallo in den Raum rufen und dann das Gebäude verlassen, in der Hoffnung, dass jemand zurückruft. Ich klickte auf das Profil des Hey-Mannes, um zu sehen, ob sein Profil ebenfalls so unkreativ war wie seine erste Nachricht. Kristian aus Berlin. Na, wenn man drei bis vier Autostunden entfernt wohnte, konnte man sich so einen Fauxpas ja erlauben, denn man traf sich ja eh nie persönlich.

»Mehr ist dir nicht eingefallen?« Ich antwortete ihm nur, weil ich so gute Laune hatte und auch gerade nichts Besseres mit mir anzufangen wusste. Er war online und es dauerte keine Minute, bis er zurückschrieb.

»Ich könnte jetzt sagen, dass mir die Sprache weggeblieben ist, als ich dich gesehen habe, aber in deinem Profil steht, dass du mit Romantik nicht viel anfangen kannst.«

Wow, er hatte mein Profil gelesen. Was irgendwie selbstverständlich sein sollte, ist in der Onlinedatingwelt meiner Erfahrung nach eher eine Seltenheit.

»Hab, um ehrlich zu sein, auch nicht mit einer Antwort gerechnet, weil ich so weit weg wohne«, ergänzte er.

Dass ich nicht einfach mein Profil löschen konnte, wenn noch offene Nachrichten im Posteingang waren, konnte ich ihm schlecht erklären, ohne dass er mich für komisch halten würde. Und nein, das ist nicht neurotisch, ich bin einfach nur nett.

»Ich würde dich gerne kennenlernen, hast du Lust, zu telefonieren oder einen Videochat zu starten, bevor ich zu dir fahre?«

Also selbstbewusst schien er ja zu sein, wenn er bereits jetzt davon ausging, dass wir uns auf jeden Fall treffen würden. Ich lachte. Irgendwie war das ein schönes Gefühl, dass jemand so weit reisen würde, um ein Treffen möglich zu machen.

»Da ich gerade dabei bin, mein Profil zu löschen, weil hier nichts los ist, sollten wir vielleicht die Plattform wechseln«, schrieb ich ihm ehrlich zurück.

Wir tauschten unsere Kontaktdaten aus und ich löschte meinen Account. Fühlte sich gut an. Ich nahm mir einen Tee, kuschelte mich in meine Decke und wartete darauf, dass Kristian anrief.

In dem kleinen Videobild auf meinem Rechner sah er noch attraktiver und sympathischer aus als auf seinem Profilbild. Er lag, wie ich, beim Telefonieren in seinem Bett und erzählte mir, dass er in einer WG mit zwei Studenten wohnte. Noch bevor ich meine Wohnsituation erläutern konnte, sagte er mir, dass er in ein paar Monaten zum Arbeiten wegziehen würde. Ob Kristian auch mal mit seinen Mitbewohnern zusammen war, so wie ich mit meinem? Ob er auch der Einfachheit halber dort wohnen geblieben war? Ich stellte mir das zu dritt noch schlimmer vor als zu zweit.

»Ich hatte noch keine Beziehung mit einem Typen und kann es mir ehrlich gesagt auch nicht vorstellen!«, riss Kristian mich aus meinen Gedanken. Ich fragte mich kurz, ob Kristian Gedanken lesen konnte, schaute ihn jedoch nur stumm an. Also, da ich bereits an Maik versprochen war (ohne dass dieser davon wusste), war es mir völlig egal, wie Kristians Vergangenheit aussah oder wie er zu seiner möglichen zukünftigen Partnerschaft stand.

»Und du würdest nur für ein Kennenlernen so weit reisen oder hast du es auf eine schnelle Nummer abgesehen?«, fragte ich und versuchte, ihn mir dabei nicht mit Fliegerbrille vorzustellen, wie er in einem roten Cabrio über einen Hügel raste.

»Bei einem Kennenlernen kann man ja sehen, wohin es sich entwickelt«, gab er in einer ruhigen Stimmlage von sich.

Irgendwie hatte ich die Befürchtung, dass es dieser Kerl nur darauf abgesehen hatte, mit mir im Bett zu landen. Warum lehnte ich nicht ab? Warum liebäugelte ich mit dem Treffen, anstatt ihm einfach einen Korb zu geben? Ganz einfach: Es schmeichelte mir, dass jemand so einen Aufwand betreiben wollte, nur um mich zu treffen. Ich fühlte mich umgarnt und umworben und so ein Einsatz hatte doch mehr als einen Korb verdient. Ich willigte ein.

»Spitze, passt dir morgen?«

Morgen? War der Typ verrückt? Warum hatte er es so eilig? War er womöglich gar nicht aus Berlin und das war nur eine Masche, um spannend zu wirken? Hatte er vielleicht eine schlimme und tragische Krankheit und suchte sich einen armen Tommy aus, in dessen Armen er seinen letzten Atemzug aus seiner Lunge lassen konnte, oder hatte er einen engen Terminkalender, gefüllt mit vielen anderen Singles aus meiner Nähe?

»Ähm, warum so eilig? Passt dir vielleicht auch kommender Samstag?«, fragte ich ihn zögerlich.

»Na ja, ich habe noch knapp drei Monate zum Packen und Organisieren, bevor ich umziehe, daher möchte ich keine Zeit verlieren, aber Samstag passt mir auch.«

Sonntag. Ich öffnete langsam meine Augen. Als ich bemerkte, dass es schon hell war, riss ich sie vollständig auf und setzte mich aufrecht hin. Ein Blick nach rechts verriet mir: Es war kein Traum. Kristian war tatsächlich über Nacht geblieben. Lange hatten wir bei einem Wein auf dem Sofa gesessen und über unsere Träume und Ziele gesprochen. Ich beneidete Kristian total um sein Leben. Er kam gerade von einer langen Reise zurück, wo er unter anderem auf Mauritius und in Japan gewesen war. Als er mir offenbarte, dass er zum Arbeiten ins Ausland ziehen und deshalb nur noch wenige Monate in Deutschland sein würde, ergab es für mich total Sinn, dass er mich besucht hatte. Er wollte sich eine schöne Zeit machen, bevor er in ein fremdes Land reiste. Er wollte den Abschied noch einmal richtig zelebrieren und Dinge machen, die er vielleicht sonst nie gemacht hätte. Fetter Urlaub, bevor der Ernst des Lebens wieder losging. Check. Dreihundert Kilometer für einen One-Night-Stand fahren. Check. Von Tommy unsanft geweckt werden, weil dieser mit seiner besten Freundin verabredet war und den Termin fast verpennt hätte. Check.

Ich hechtete ins Bad, warf mir kurz einen Lappen ins Gesicht und putzte mir die Zähne. Ich war etwas panisch. In zwanzig Minuten würde Nathalie hier sein. Absagen war nicht mehr drin, da sie bereits auf dem Weg sein würde bei der langen Strecke.

Kristian verabschiedete sich mit einem kurzen Kuss, bevor er sich in seinen dunkelblauen Ford Focus setzte. Er ließ die Scheibe runter und rief mir beim Losfahren ein »Man sieht sich« entgegen. Ach, tat man das? Wenn ich ehrlich war, glaubte ich das eher weniger. Denn auch wenn die Nacht wahnsinnig gut war, musste ich zugeben, dass ich nicht bereit war, lose Bettgeschichten im Ausland, genauer gesagt in Irland zu haben. Ich winkte ab und schaute zu, wie sein Wagen um die Ecke bog, um mich allein vor meiner Haustür zurückzulassen.

Dass ich Nathalie nichts von meinem Besuch aus Berlin erzählte, hatte einfach nur den Grund, dass ich ihre volle Aufmerksamkeit bei Maik brauchte. Jeder Chat, jedes Gespräch und jedes Treffen mit meinem Mister Right wurde gemeinsam mit Nathalie und Lara analysiert und interpretiert.

In der folgenden Woche traf ich Maik auf einen Spaziergang in seiner Mittagspause und auf einen Kuchen am Wochenende. Bislang ohne weitere Küsse und ohne andere Annäherungsversuche. Drei Dates und nur beim ersten gab es heiße Action. Fast schon langweilig, würden andere sagen, nur dass ich ihn halt absolut nicht langweilig fand, sondern unheimlich aufregend. Ich wäre sogar ein Treffen mit ihm eingegangen, bei dem wir uns nur schweigend ansahen, und hätte es toll gefunden.

»Ganz klar will er, dass du den nächsten Schritt machst, er hat dich schließlich geküsst und nun bist du dran!«

»Quatsch, er denkt, dass Tommy nicht weiter gehen möchte, und akzeptiert ihn nun einfach als Kumpel.«

»Ja, vielleicht hast du recht.«

»Das wäre tragisch, denn aus der Friendzone kommt man nur schwer wieder heraus.«

»Ich hab mal von einem Typen gehört, der aus der Friendzone rausgekommen ist, weil er im Lotto gewonnen hat. Plötzlich fanden ihn alle scharf. Vielleicht wäre das eine Option?«

»Darf ich vielleicht auch kurz etwas dazu sagen?«, unterbrach ich den Schlagabtausch der Mädels.

Wir lagen mit Masken im Gesicht bei Lara im Wohnzimmer auf dem Fußboden und bereiteten mich auf mein nächstes Treffen vor, das noch am selben Abend unseres Wellnesstages stattfinden sollte. Lara hob ihren Kopf und schielte mich fragend an.

Ich rollte mit den Augen – mehr Mimik ging nicht, wenn ich nicht wollte, dass die Tuchmaske verrutschte. »Wir können jetzt wild spekulieren, aber das bringt uns nicht weiter. Nach dem Treffen wissen wir mehr. Da er mich zu sich nach Hause eingeladen hat, wird schon irgendetwas passieren. Ob das gut oder schlecht, von ihm oder von mir initiiert ist, werden wir dann sehen.«

Nachdem ich diesen Satz ausgesprochen hatte, klopfte mein Herz wie wild. Ich würde gleich zu Maik nach Hause fahren und ich würde sehen, wie er wohnte, und ich würde bei ihm in der Wohnung sein. Nur mit ihm. Ganz privat. Ich nahm meine Tuchmaske vom Gesicht, richtete mich auf und trank einen großen Schluck von meinem Sekt. »Ich mach's!«, rief ich entschlossen. Und wenn ich sagte, dass ich es machte, dann machte ich es auch. So war es immer. (Okay, das »Nie wieder Alkohol« lassen wir jetzt mal außen vor.)

Ich nickte noch einmal zur Bekräftigung. Ich würde den nächsten Schritt machen. »Ich muss los«, sagte ich dann. Ich eilte noch einmal fix ins Bad und verabschiedete mich anschließend von Lara und Nathalie.

»Mach uns stolz«, riefen sie mir im Treppenhaus hinterher. Wie machte man die beiden denn stolz?

Also, Lara hatte sich einmal gefreut, als sie hörte, dass Nathalie bei ihrem Date selbst bezahlen musste, anstatt sich einladen zu lassen. »Ja, aber der Mann zahlt doch immer!«, hatte Nat ihre Empörung erklärt.

»Wie ist das eigentlich bei euch? Wer ist da der Mann?«, hatte Lara mich gefragt, um die Absurdität von Nathalies Satz zu unterstreichen.

Wenn der Mann immer zahlte und Maik mich das letzte Mal eingeladen hatte, würde das im Umkehrschluss also bedeuten, dass ich weniger ein Mann war als er? Was bedeutete Männlichkeit überhaupt?

In meinem Kopf war es immer so, dass jeder Mensch ein Mann ist, der sich als Mann fühlt. Ende.

Die Frage an homosexuelle Paare »Wer von euch ist der Mann und wer ist die Frau in der Beziehung?« zielt aber gar nicht auf das Geschlecht ab, sondern eher auf die Rollenverteilung innerhalb der Partnerschaft oder vielmehr innerhalb des Bettes. Wer beim Sex welche Position einnimmt quasi. Das ist allerdings ein Thema, das andere noch weniger etwas angeht als meine Sexualität.

Zum Glück war Laras Frage rein rhetorisch gewesen und ich musste mir über »Mann oder Frau?« und »Zahlst du oder ich?« keine Gedanken machen. Ich stand auf Maik, er war ein Mann und er hatte mich zu sich nach Hause eingeladen, wo keiner von uns beiden zahlen musste. So einfach konnte die Welt sein.

Mein Magen verkrampfte sich, als ich vor dem Klingelschild stand. Maik Michael. Dass er einen Vornamen als Nachnamen hatte, ließ mich schmunzeln. Würde ich ihn heiraten und seinen Namen annehmen, würde ich Tommy Ralf Josef Michael heißen. Die Verwirrung bei Erhalt der Einladungskarte zu unserer Hochzeit wäre perfekt. Jeder würde sich fragen, wie viele Männer da jetzt eigentlich heirateten und ob die Mehrehe in Deutschland nun erlaubt sei.

Nach dem Klingeln ertönte der Summer und ich betrat das Haus. Der Altbau in der Südstadt in Hannover war zwar recht heruntergekommen, aber innen sah es gar nicht so schlimm aus, wie ich vermutet hatte. Ganz oben angekommen, wurde ich bereits von Maik im Türrahmen mit einem breiten Grinsen erwartet.

»Tritt ein, schöner Mann!«, sagte er und deutete an sich vorbei.

»Das riecht aber lecker«, kommentierte ich den Geruch, der aus der Küche kam, die sich direkt neben der Eingangstür befand.

»Hab uns Nudeln gemacht. Nichts Aufwendiges. Komm, ich muss dir aber vorher etwas zeigen.« Er eilte an mir vorbei und verschwand in einem Raum am Ende des Flurs. Ich folgte ihm, nachdem ich meine Schuhe ausgezogen hatte. Da ich noch keine Roomtour bekommen hatte, aber schon immer superneugierig war, schaute ich beim Vorbeigehen einfach selbst in die übrigen Räume hinein. Neben einem kleinen Bad mit Badewanne befanden sich ein recht spartanisches Schlafzimmer und ein Raum ohne Möbel, in dem ein Wäscheständer stand.

Der letzte Raum, in dem Maik verschwunden war, war das Wohn- und Arbeitszimmer. Ich trat ein und schaute mich um. Maik saß an einem Schreibtisch beim Fenster, mit dem Rücken zur Tür. Sein Rechner war an. Die Bücherregale rechts neben ihm reichten bis unter die Decke und waren gefüllt mit sämtlichen Bänden über Fotografie, Technik und Kunst, die es offenbar auf dem Markt gab. Auf einem kleinen Regal neben einem noch kleineren Sofa lagen zwei Kameras und einige Objektive. Mir fiel direkt auf, dass es keinen Fernseher gab, denn an der Stelle, wo ich einen platziert hätte, standen lediglich zwei Lichtstative und ein großer Koffer.

»Komm, setz dich zu mir.« Maik rieb mit der Hand seinen Oberschenkel. Sollte ich mich jetzt auf seinen Schoß setzen, oder wie war die Geste gemeint? Ich war aufgeregt. Ich zögerte. Er drehte sich langsam zu mir und schaute mich lächelnd an.

»Auf deinen Schoß, oder wie meinst du?«

»Öhm, ja, kannst du machen, aber ich hab auch einen Hocker, wenn du magst.« Maik deutete neben den Schreibtisch, wo ein kleiner Hocker stand. Unübersehbar quasi.

»Hehe, den hab ich glatt übersehen. Oder vielleicht war es Absicht, ich weiß es nicht«, witzelte ich, während ich mich peinlich berührt auf der neu aufgetauchten Sitzgelegenheit niederließ.

Maik zeigte mir auf seinem Rechner ein Portfolio an Bildern, die er geschossen hatte. Wunderschöne Menschen, Gebäude, Tiere und Momente, festgehalten und am PC aufgearbeitet. Wow, wenn ich mal auf Fotos so aussehen würde. Tatsächlich mochte ich mich auf Bewegtbildern lieber. Ich schaute immer so gequält auf Fotos, als würde man mich zwingen. »So, Tommy, du lachst jetzt und hast Spaß, ansonsten schneide ich dir deinen Lieblingsfinger ab«, hörte ich offenbar stets, während andere »Bitte lächeln« verstanden. Grausam, ausgerechnet der Lieblingsfinger.

»Dich möchte ich auch mal shooten«, sagte Maik, während er auf seinem Rechner sehr ansehnliche Aktbilder öffnete.

»Was? Mich? So?«, stammelte ich und zeigte auf die leicht bekleidete Dame. Ich schaute genauer hin. War das ein dickes Tau, das ihre Brüste bedeckte? Ähm, ich glaubte nicht, dass er mich so fotografieren durfte. Ich lächelte unsicher.

»Wollen wir essen? Hab wahnsinnigen Hunger mitgebracht«, lenkte ich ab.

Er grinste.

Dass die Nudeln viel zu weich, die Soße dünnflüssig und die Putenbrust zu trocken war, störte mich weniger als der ungekühlte Weißwein. Aber Maik hatte sich Mühe gegeben, und das war das Einzige, was zählte, oder nicht? Und hey, es war besser, als die Krümel aus der Schublade des Toasters essen zu müssen oder trockenen Reis.

Der Wein war noch nicht ganz im Blut angekommen, als Maik kalte Biere auf den Tisch stellte. Na, wenigstens von Bier hatte er Ahnung. Wir lachten und alberten herum. Ich bestand darauf, dass ich nun auf seinem Schoß sitzen musste, da er es ja schließlich im Wohnzimmer angeboten hatte. Er willigte ein – unter der Bedingung, dass ich mich von ihm fotografieren ließ. »Nur wenn ich keinen alten Strick tragen muss«, prustete ich. Er prustete mit.

»Alt? Tja, wenn alle Stricke reißen, knipse ich dich halt ohne störende Seile.« Er schmunzelte und sah mir tief in die Augen. Ich grinste ihn an. Mein Herz pochte. »Siehst ohne Seil sicher noch besser aus«, flüsterte er, während sein Mund sich meinem näherte. Ich beugte mich etwas vor und schloss die Augen.

»Mag sein«, hauchte ich zurück. Noch bevor sich unsere Lippen berühren konnten, stand er auf und führte mich aus der Küche ins Schlafzimmer.

Unbekleidet lagen wir beide eine halbe Stunde später nebeneinander und blickten an die Decke. Ich war total außer Atem. »Das können wir auf jeden Fall gerne wiederholen, wenn du magst«, ertönte es neben mir. Maik stand auf und verließ das Schlafzimmer. Selbst im Halbdunkel konnte ich seinen trainierten Körper erkennen.

»Von mir aus«, versuchte ich so lässig wie möglich zu sagen, noch immer den Gedanken im Kopf, dass er derjenige von uns war, der keine Beziehung wollte. »Aber nicht als Pärchen?!«, ergänzte ich fragend, in der Hoffnung auf Widerspruch.

»Vielleicht so als Freundschaft Plus«, rief er aus dem Bad. Freundschaft Plus, Friends with Benefits, oder auch F+ abgekürzt, bedeutet, dass man nicht in einer Liebesbeziehung miteinander steht, aber dennoch miteinander schläft. Ziemlich verbreitet und bei vielen scheint es hervorragend zu funktionieren. Maik mochte es Freundschaft Plus nennen, für mich klang es eher nach Beziehung Minus. Damit wäre ich folglich einen Schritt näher am Ziel. »Klingt gut!«, willigte ich daher ein.

Hätte ich Nein gesagt und offen über meine Gedanken gesprochen, dann wäre die Geschichte vermutlich direkt beendet gewesen und ich wäre nicht da, wo ich heute bin.

Die Regeln der neuen aufregenden Freundschaft waren einfach: Wir lernen nicht die Familien voneinander kennen. Unseren Freunden wird nicht auf die Nase gebunden, dass wir miteinander schlafen. (Lara und Nathalie zählen nicht, die wussten schon vorher alles.) Und wir dürfen uns intim mit anderen Leuten treffen, wenn wir das wollen würden.

Es störte mich sehr, dass ein Vorstellen bei der Familie tabu war, denn hat man erst einmal die zukünftigen Schwiegereltern auf seiner Seite, wäre ein Eingliedern (höhö) in die Beziehung viel einfacher gewesen. Na ja, diese Regel würde sich im Laufe der angehenden Beziehung sicher noch ändern, da war ich mir sicher.

Das Einhalten der übrigen Regeln funktionierte wunderbar. Zumindest die ersten Male. Wir hatten eine schöne Zeit und machten sogar ein spannendes Fotoshooting in einem alten Güterbahnhof. In Maiks Gegenwart fiel es mir leicht, mich fallen zu lassen, aber dennoch traute ich mich nicht anzusprechen, dass ich eigentlich mehr wollte. Dass ich bereit war, eine Beziehung zu führen. Eine Beziehung als Paar. Mit Küssen, mit Elternkennenlernen und Händchenhalten. Die Sorge war einfach zu groß, dass er mir dann die Freundschaft kündigte oder das Plus wegsubtrahierte. Also hielt ich den Zustand unserer Bettgeschichte einfach aus, ohne zu dem zu stehen, was in mir vorging.

Eines Tages erreichte mich erneut eine Nachricht aus Berlin. Und die sollte alles für mich verändern. Dass die Tage meiner Freundschaft Plus gezählt waren, wusste ich in dem Moment noch nicht. Kristian wollte mich erneut treffen. Da ich bereits ein schönes erstes Date mit ihm gehabt hatte und da einmal bekannterweise keinmal war, willigte ich in die erneute Begegnung ein. Irgendwie freute ich mich sogar.

Auch wenn mein Wunsch nach wie vor eine feste Beziehung war, brach ich keine Regeln, indem ich mich mit einem anderen Mann traf. Maik stand zwar noch immer an erster Stelle, aber da er keine Zeit hatte, konnte ich die Gelegenheit nutzen, den zukünftigen Iren Kristian etwas besser kennenzulernen.

Ich war fasziniert von dem Gedanken, einfach in ein fremdes Land zu ziehen, und wollte alles darüber erfahren. *Ob ich mit Maik irgendwann auch mal in ein anderes Land ziehen würde?*, fragte ich mich unvermittelt. Reizvoll fand ich es ja schon. Na gut, dafür müsste man erst mal zusammenwohnen oder eine Beziehung haben. Aber das Gedankenspiel machte mir Spaß.

»Ich würde das auch gerne machen. Einfach wegziehen«, beichtete ich Kristian, während wir Gemüse für das Ratatouille schnitten.

»Was hindert dich daran, es einfach zu machen? Einfach Dinge zu wagen, auf die du Lust hast?« Gute Frage. Was hinderte mich daran? Vermutlich stand ich mir einfach nur selbst im Weg.

»Keine Ahnung, ich bin halt einfach nicht mutig.« Ich gab die Zwiebeln in den Topf und schaute Kristian beim Entkernen einer Paprika zu.

»Ich wette, du bist mutiger, als du denkst. Mach dich nicht kleiner, als du bist«, sagte er, ohne aufzusehen. Seine bodenständige Art und seine liebevollen Ratschläge gefielen mir sehr. Maik könnte sich eine Scheibe von Kristian abschneiden.

Das gemeinsame Dinner war großartig. Wir philosophierten über ferne Länder, übers Reisen im Allgemeinen, über Irland und darüber, ob es Kobolde gab oder nicht. Ich war mir sicher, dass auf jedem Regenbogen welche von ihnen wohnten und mit Glück und Zufriedenheit auf Menschen warfen. Beweise und Studien gab es dafür natürlich nicht, aber genau so musste es sein.

Bei der Verabschiedung küssten wir uns lange und machten direkt einen neuen Termin für ein Wiedersehen aus, denn ein paar Wochen war Kristian noch in Deutschland.

So ging das eine ganze Weile. Ein Treffen mit Kristian, ein Treffen mit Maik. Zwei Treffen mit Kristian und wieder von vorn. Die

Abstände zwischen den Dates mit Kristian wurden immer kürzer, da sein Abreisedatum näher rückte. Die Zeit, die wir miteinander verbrachten, wurde immer länger. Meist blieb er sogar über Nacht.

Die Dates mit Maik hingegen wurden kürzer. Mittlerweile wurde kaum noch gekocht. Meistens hatte ich sogar schon gegessen, wenn er nach einem Shooting noch ein Treffen wollte. Das eine Mal bat er mich ausschließlich zu ihm, um mit ihm zu schlafen. Ich durfte danach nicht einmal bei ihm übernachten, da er früh rausmusste. Ich kam mir irgendwie blöd vor. Nicht weil es falsch wäre, zwei Männer zu daten, ganz im Gegenteil: Wenn man Single ist, soll man doch gerne das machen, was einem Spaß macht, solange keine Gefühle verletzt werden oder kein Herz gebrochen wird.

Tja ... zu spät. Du wirst nicht erraten, welches Herz gebrochen wurde.

a) Wurde Maiks Herz gebrochen, weil er es nicht ertragen konnte, dass ich einen anderen Mann traf? Waren deshalb die Treffen auch so kurz, weil er verletzt war?

b) Oder war es das Herz von Kristian, das gebrochen wurde? Hatte er sich noch vor seiner Abreise in mich verliebt und konnte es nicht mitansehen, dass ich Maik als Freund im Kopf hatte?

c) Oder war es vielleicht mein Herz, welches gebrochen wurde, weil ich Maik meine Liebe gestand und einen Korb bekam?

Plot Twist. Alle Antworten sind falsch. Mach dir keine Sorgen, es kommt jetzt kein dritter Mann ins Spiel, wäre ja noch schöner. Kein Herz wurde gebrochen!

Ich lag auf der Couch. Mal wieder in den Armen von Kristian, nachdem wir eine wundervolle Nacht miteinander verbracht hatten. Dies sollte sein letzter Besuch sein, da sein Flug bereits am darauffolgenden Wochenende in seine neue Zukunft startete. Maik hatte ich bereits fast zwei Wochen nicht gesehen, da er viele Aufträge hatte und dann über seinen Geburtstag zu seiner Familie nach Magdeburg gefahren war. Es machte mich traurig, zu wissen, dass der Mann, neben dem ich lag, bereits morgen aus meiner Reichweite verschwunden sein würde, während der Mann, den ich wollte, keine Zeit für mich fand.

Ich blickte Kristian lange an, bevor ich zu sprechen begann. »Ich glaube, ich habe mich in dich verliebt.« Huch? Da hatte ich wohl gesprochen, bevor ich ausgiebig darüber nachdenken konnte, was ich eigentlich sagen wollte. War dies der Grund, warum er so eine Anziehungskraft auf mich hatte? Hatte ich die ganze Zeit Gefühle für ihn gehabt, ohne sie greifen zu können? Oder war es vielleicht nur der Fakt, dass ich auch ihn nicht haben konnte, weshalb ich ihn jetzt auf einmal doch wollte? Oder ganz anders: Waren es vielleicht die Gefühle für Maik, die ich nun auf Kristian projizierte? Meine Gedanken saßen in einem roten Cabrio und rasten. Im Kreis. Im Rückwärtsgang.

»Das hab ich mir schon gedacht«, sagte Kristian trocken. Na super. Ich teilte ihm meine Gefühle mit, von denen ich bis eben nicht mal wusste, dass ich sie überhaupt hatte, und das war seine Antwort. Er schwieg.

»Und nun?«, fragte ich und richtete mich auf. Ich schaute ihn an, meine Brust tat weh, mein Kopf wummerte. Mit war schlecht. Er zuckte mit den Schultern.

Mehr geredet wurde nicht. Er zog seine Schuhe an, nahm seine Jacke, gab mir einen Kuss und fuhr fort. In seine neue Zukunft.

Noch lange stand ich unschlüssig und bewegungslos im Hausflur. Das Licht im Treppenhaus war bereits seit einiger Zeit aus, als ich mich dann doch entschied, zurück in mein Zimmer zu gehen. Ich hatte derzeit das große Zimmer und es wirkte noch viel größer, jetzt, wo ich wieder allein war. Ich legte mich auf die Couch, mein Blick war zur Decke gerichtet. Eine Träne lief mir die Wange hinunter. Warum konnte es nicht ein einziges Mal einfach für mich sein? Ich weiß nicht, wie lange ich so auf der Couch lag. Irgendwann vibrierte mein Handy.

Kristian. Sicherlich wollte er nur Bescheid geben, dass er heil in Berlin angekommen war, so wie er es immer tat, wenn er von mir losfuhr.

»Wir können es ja mit einer Fernbeziehung probieren, wenn du das willst?«

Epilog

Du kennst das, du wachst morgens auf und weißt genau, was du willst. Das waren die schönsten aneinandergereihten Worte, die ich mir zu dem Zeitpunkt hatte vorstellen können.

Kristian und ich führten ein Jahr eine Fernbeziehung und telefonierten fast jeden Abend miteinander. Gemeinsam schliefen wir abends vor der Webcam ein und wachten morgens zusammen auf. Ich besuchte ihn zweimal in Dublin, jeweils für mehrere Wochen. Maik teilte ich mit, dass ich nun in einer festen Beziehung war und es daher nur noch bei einer normalen Freundschaft belassen wollte.

Zu meiner Überraschung war er enttäuscht und gestand mir, dass er es auch mit einer Beziehung probiert hätte. Ich hätte ihn nur fragen müssen. Kurze Zeit später kam Maik mit einer Frau zusammen. Er hatte wohl auch zwei Menschen gleichzeitig gedatet, so wie ich. Nach knapp zwölf Monaten Fernbeziehung zog ich nach Irland, um mit meinem Freund zusammenzuwohnen. Maik kam uns sogar einmal mit seiner Freundin besuchen, wir sind bis heute miteinander in Kontakt (selbstverständlich ohne Plus).

Kristian und ich sind nun seit über zwölf Jahren ein Paar, leben in der Nähe von Hamburg und sind mittlerweile verheiratet. Ich habe eine Ausbildung zum Kaufmann für Büromanagement gemacht und arbeite nun in einer Produktionsfirma, wo ich auch meine eigenen Videos für YouTube produziere. Keine*r meiner nachfolgenden Arbeitgeber*innen hatte je ein Problem mit meiner Persönlichkeit oder meiner Sexualität.

Ich möchte dir mit dem Buch Folgendes sagen: Jedes Outing verläuft anders und nicht jeder Mensch ist reflektiert genug, deine Sexualität oder deine Persönlichkeit zu akzeptieren. Doch das macht dich auf keinen Fall zu einem schlechten Menschen oder einem Alien.

Du bist nicht allein! Lass dich von Rückschlägen und negativen Erfahrungen nicht unterkriegen, sprich mit Freundinnen, Freunden, der Familie oder einer Fachperson über deine Gedanken, Erlebnisse und Gefühle. Das kann eine Ärztin sein, ein Therapeut oder eine Psychologin. Teile dich mit. Ich hätte mir im Alter zwischen dreizehn und fünfzehn so ein Buch gewünscht, oder zumindest einen Menschen, der mich über das, was in mir vorging, hätte aufklären können. Deshalb war es mir sehr wichtig, dieses Buch zu schreiben – und vielleicht für dich dieser Mensch zu sein.

Ich bin durch meine Erfahrungen stärker geworden und nutze sie, um anderen Menschen zu helfen. Selbst in Rückschlägen, Verlusten und miesen Momenten steckt oft eine Möglichkeit, etwas Gutes daraus zu ziehen.

Mir bleibt nicht mehr viel zu sagen außer: Danke, dass es dich gibt. Danke, dass du dir dieses Buch gekauft hast oder hast schenken lassen.

Wir sehen uns.

ANHANG

Wichtige Anlaufstellen

Wenn es dir einmal nicht gut geht oder du einen Rat brauchst, melde dich gerne bei der nummergegenkummer.de. Dort wird dir anonym und kostenlos geholfen. Nicht nur telefonisch unter 116111, sondern auch per E-Mail oder Onlinechat unter https://online.telefonseelsorge.de.

Auf der Internetseite der Deutschen Arbeitsgemeinschaft für Jugend- und Eheberatung e. V. kannst du Beratungs- und Hilfeangebote in deiner Nähe raussuchen.
https://www.dajeb.de/

Da sich Webseiten und Telefonnummern immer mal wieder ändern können, habe ich auf meiner Website eine Liste erstellt, die regelmäßig aktualisiert wird.

Unter toalingling.de findest du viele weitere Hilfsangebote, Websites und Veranstaltungen, die dir vielleicht weiterhelfen.

Alle Menschen sind gleich – oder doch nicht?

»Die Ehe für alle ist doch jetzt erlaubt, was wollt ihr Schwulen denn noch?« oder »Wozu braucht es denn jetzt noch CSD-Veranstaltungen?« sind nur einige der verständnislosen Sätze, die ich unter meinen Videos immer wieder lese. Ja, es stimmt. In den letzten Jahren hat sich bereits einiges getan, wenn es um die Rechte der LGBTQI+-Community geht.

Die Ehe für alle wurde in Deutschland zwar im Juni 2017 eingeführt, allerdings ist es noch ein weiter Weg zur Gleichberechtigung.

Ich durfte zum Beispiel bis vor Kurzem nur Blut spenden, wenn ich in den letzten zwölf Monaten keinen Sex mit einem Mann hatte (auch nicht mit *meinem* Mann). Dabei war es völlig egal, ob wir monogam waren oder Kondome benutzten. Im September 2021 wurde dies zwar angepasst: Die Zeitspanne wurde auf vier Monate

verkürzt und auch die Richtlinie selbst wurde neu formuliert.[1]
Dennoch hinterlässt auch die neue Regelung einen faden Beige-
schmack. (Organe darf ich übrigens ungeachtet meiner Sexualität
spenden.)

Ein Kind zu adoptieren, ist für gleichgeschlechtliche Paare nach
wie vor sehr umständlich.

Transmenschen müssen riesige bürokratische Hürden überwinden, um endlich zu ihrem eigentlichen Geschlecht zu kommen.

Einer Umfrage aus dem Jahr 2020 zufolge berichteten 30 Prozent der befragten LGBTQI+-Personen, wegen ihrer sexuellen Orientierung oder ihrer Geschlechtsidentität am Arbeitsplatz diskri-
miniert worden zu sein. 14 Prozent haben zudem Diskriminierung
im Gesundheits- und Pflegebereich erlebt.[2]

Von den Straftaten gegenüber unserer Community ganz zu
schweigen: Insgesamt wurden im Jahr 2020 in Deutschland
782 Straftaten von Hasskriminalität gegen die LGBTQI+-Commu-
nity registriert, darunter 154 Gewalttaten.[3] Das ist ein Anstieg von
36 Prozent gegenüber 2019, und diese Straftaten waren ganz eindeutig gegen die sexuelle Orientierung oder gegen die sexuelle
Identität gerichtet.

Der Koalitionsvertrag 2021–2025 hält einiges parat, um der
Queerfeindlichkeit entgegenzuwirken. Unter anderem ist geplant,
das Transsexuellengesetz durch ein Selbstbestimmungsgesetz zu
ersetzen und das Blutspendeverbot für homosexuelle Männer und
Transmenschen abzuschaffen. Das ist ein wichtiger Schritt in die
richtige Richtung und ich kann nur hoffen, dass hier vieles voran-
gebracht wird.

Solange es aber Ungerechtigkeit gibt, werde ich mit meiner Arbeit weitermachen. Ich werde aufklären und weiterkämpfen.

---

1 https://www.tagesschau.de/inland/homosexuelle-blutspende-101.html (zuletzt
   aufgerufen am 22.11.2021)
2 https://de.statista.com/statistik/daten/studie/1171835/umfrage/umfrage-unter-
   lgbtqi-menschen-zu-diskriminierung-in-verschiedenen-lebensbereichen/ (zuletzt
   aufgerufen am 18.11.2021)
3 https://www.bmi.bund.de/SharedDocs/downloads/DE/veroeffentlichungen/2021/05/
   pmk-2020-hasskriminalitaet.pdf;jsessionid=0C519F36248175E2FD4AFF3DCC-
   F2E0A3.2_cid373?__blob=publicationFile&v=4 (zuletzt aufgerufen am 17.11.2021)

Wenn du ein Teil davon sein möchtest, schau auf einem Christopher Street Day (CSD) in deiner Nähe vorbei, teile meine Videos oder verschenke dieses Buch.

Queer, homo, trans – hä?

Da es bei den Benennungen in der LGBTQI+-Community immer wieder Unsicherheiten gibt, habe ich dir hier einmal ein kleines Glossar zusammengestellt. Mit dem Wissen punktest du nicht nur auf jeder Gay-Party![4]

Ally
Personen, die zwar selbst nicht Teil der LGBTQI+-Community sind, sich aber dennoch als Verbündete sehen, werden Allys genannt. Das muss übrigens nicht hochoffiziell passieren. Du kannst dich mit marginalisierten Gruppen an der Supermarktkasse genauso solidarisieren wie im Kollegenkreis.

Asexualität
Asexuelle Personen verspüren keine oder nur eine geringe sexuelle Anziehung zu anderen Menschen. Dies ist keine Entscheidung (wie etwa im Zölibat), sondern eine Form der sexuellen Orientierung.

Bisexualität
Bisexuelle Personen fühlen sich emotional und/oder sexuell sowohl zu Männern als auch zu Frauen hingezogen, das heißt, sie sind nicht auf ein Geschlecht festgelegt. Bisexuell zu sein bedeutet nicht, dass man entscheidungsunfähig ist oder bald homosexuell wird.

---

4 Die meisten der hier aufgeführten Begriffe und noch viele weitere findest du im LSBTIQ-Lexikon der Bundeszentrale für politische Bildung unter: https://www.bpb.de/gesellschaft/gender/geschlechtliche-vielfalt-trans/245426/lsbtiq-lexikon#footnode1-1 (zuletzt aufgerufen am 23.11.2021)

Cis

Das Adjektiv »cis« drückt aus, dass eine Person sich mit ihrem gemäß Geburt zugewiesenen Geschlecht identifiziert. Cis ist damit das Gegenstück zu trans.

Coming-out

Ein Coming-out ist mehr ein Prozess denn eine Handlung. Eine Person beginnt, sich über ihr Geschlecht und/oder über ihre sexuelle Orientierung bewusst zu werden (= inneres Coming-out). Anschließend teilt sie sich ihrem Umfeld öffentlich mit (= äußeres Coming-out). Vor allem das äußere Coming-out ist ein lebenslanger Prozess, da man es in neuen sozialen Kreisen immer wiederholt. In meinen Augen muss sich niemand outen, da jeder Mensch sich selbst entscheiden kann, mit wem er solche privaten Details teilt.

Genderfluid

Bei genderfluiden Personen kann sich die Geschlechtsidentität entweder über einen gewissen Zeitraum oder in Bezug auf bestimmte Situationen ändern.

Homosexualität

Bei der Homosexualität handelt es sich um eine gleichgeschlechtliche sexuelle Orientierung. Homosexuelle Frauen fühlen sich zu Frauen hingezogen und werden als »lesbisch« bezeichnet; homosexuelle Männer fühlen sich zu Männern hingezogen und werden als »schwul« bezeichnet. Oft wird das Kurzwort »Homo« verwendet (teils auch abwertend).

Inter

Mit dem Begriff »Inter« wird die Vielfalt intergeschlechtlicher Realitäten beschrieben. Der Körper von Inter-Menschen ist medizinisch nicht eindeutig dem männlichen oder weiblichen Geschlecht zuzuordnen.

LGBTQI+

Abkürzung für »lesbisch, gay, bi, trans, queer, inter«. Das + steht hier für alle Geschlechter und Sexualitäten, die nicht aufgeführt wurden.

Pansexualität

Bei der Pansexualität handelt es sich um eine sexuelle Orientierung, bei der sich Menschen zu allen Menschen unabhängig von ihrem Geschlecht sexuell und/oder emotional hingezogen fühlen.

Queer

Das Wort wird häufig als Selbstbezeichnung gebraucht und verweist auf gesellschaftliche Positionen, die heterosexuelle Normen infrage stellen. Manche nutzen den Begriff auch einfach synonym zu lesbisch oder schwul. Ich nutze als Synonym gern »Regenbogen-Community«, weil ich es als sehr sympathisch und freundlich empfinde.

Trans

Hierbei handelt es sich um einen Überbegriff, um ein breites Spektrum von Identitäten und Lebensweisen zu vereinen, unter anderem solche, die sich geschlechtlich nicht verorten möchten.

Danksagung

Danke an Jennifer Arp, Tatjana Grüner und Levin Günther, die nicht nur meine Freunde sind, sondern am Buch mitgeschrieben haben. Ohne euch wäre dieses Werk nicht so fantastisch geworden.

Danke, Kristian, dass du dich trotz der Entfernung entschieden hast, mich anzuschreiben. Dank dir weiß ich, dass Liebe keine Grenzen kennt, Entfernungen überstehen kann und Zeit zum Wachsen braucht. Ich liebe dich.

Impressum

© 2022 GRÄFE UND UNZER VERLAG GmbH,
Postfach 860366, 81630 München

EDITION

Gräfe und Unzer ist eine eingetragene Marke der GRÄFE UND UNZER
VERLAG GmbH, www.gu.de

ISBN 978-3-8338-8291-3

1. Auflage 2022

Projektleitung: Miriam Nüberlin
Lektorat: Silke Panten
Umschlaggestaltung: Ki36 Editorial Design, München, Bettina Stickel
Coverfoto: mooi.jpg
Klappenfoto: André Giehler
Herstellung: Markus Plötz
Satz und Innenlayout: Björn Fremgen, KONTRASTE
Reproduktion: Repro Ludwig, Zell am See
Druck und Bindung: Livonia, Riga

Umwelthinweis: Dieses Buch ist auf PEFC-zertifiziertem Papier gedruckt. PEFC
garantiert, dass Holz- und Papierprodukte aus nachhaltig bewirtschafteten
Wäldern stammen.

Die GU-Homepage finden Sie unter www.gu.de

www.facebook.com/gu.verlag

Ein Unternehmen der
GANSKE VERLAGSGRUPPE